マルクス＝エンゲルス年譜

西暦（年）	できごと
１８１８	マルクス、トリールに生まれる
１８２０	エンゲルス、バルメンに生まれる
１８３５〜	マルクス、ボン大学で法学を研究する（〜１８３６年）
１８３６〜	マルクス、ベルリン大学で哲学、法学、歴史などを研究する（〜１８４１年）
１８４２〜	マルクス、『ライン新聞』主筆をつとめる（〜１８４３年）
１８４３	マルクス、パリに移る。経済学の研究をはじめる（「経済学・哲学草稿」）
１８４４	マルクス、ルーゲとともに『独仏年誌』を発行する。マルクスの「ユダヤ人問題によせて」「ヘーゲル法哲学批判序論」、エンゲルスの「国民経済学批判大綱」がそこに発表される。マルクスとエンゲルスの文通がはじまる
１８４５	マルクス、パリから追放され、ブリュッセルに移る。「フォイエルバッハにかんするテーゼ」を書く エンゲルス著『イギリスにおける労働者階級の状態』が刊行される マルクスとエンゲルス、「ドイツ・イデオロギー」を書く（〜１８４６年）
１８４７	マルクスとエンゲルス、共産主義者同盟の大会に出席する マルクス著『哲学の貧困』が出版される **マルクス、ドイツ人労働者協会で賃労働と資本についての講演をおこなう**
１８４８	マルクス＝エンゲルス著『共産党宣言』が出版される フランス２月革命、ウィーン３月革命、ベルリン３月革命が勃発する 『新ライン新聞』が発行される（〜１８４９年）

1849	**マルクス、「賃労働と資本」を『新ライン新聞』に発表する。**ロンドンに移る
1850〜	マルクス、大英博物館の図書館にかよい、経済学を研究する
1859	マルクス著『経済学批判』が刊行される
1864	第1インタナショナルが創立される
	マルクス、インタナショナルの創立宣言と暫定規約を起草する
1865	マルクス、インタナショナル中央評議会の会議で賃金・価格・利潤についての講演をおこなう
1867	マルクス著『資本論』第1巻が刊行される
1878	エンゲルス著『反デューリング論』が刊行される
1880	エンゲルス、『反デューリング論』の一部をまとめて『空想から科学へ』として刊行する
1883	マルクス死去
	エンゲルス、マルクスの残した『資本論』第2巻手稿の整理をはじめる
1884	エンゲルス著『家族、私有財産および国家の起源』が刊行される
1885	エンゲルス、マルクスの残した『資本論』第3巻手稿の整理をはじめる
	マルクス著『資本論』第2巻が刊行される
1888	エンゲルス著『フォイエルバッハ論』が刊行される
1891	**エンゲルス、マルクスの『賃労働と資本』の改訂版を編集し、刊行する**
1894	マルクス著『資本論』第3巻が刊行される
1895	エンゲルス死去
1898	マルクス著『賃金・価格・利潤』が単行本として刊行される

マルクスの生涯

カール・マルクスは、１８１８年にドイツのライン州の古都トリーアで、ユダヤ系の教養ある弁護士の第3子として生まれた。１８３５年にボン大学に入り、翌年にはベルリン大学に進んだ。大学では、はじめは父の指示にしたがって法律を学んだが、やがて哲学と歴史を学び、またヘーゲルの哲学（弁証法的観念論）から社会変革の論理をひきだそうとするヘーゲル左派に属して活動した。１８４２年には大学を卒業して『ライン新聞』に入社し、24歳の若さで主筆となり、同紙を革命的民主主義の機関誌に変えた。また新聞記者として「人びとの物質的利害にかんする論争」を扱うなかで、後の史的唯物論の立場に思いいたった。そこで、マルクスは、プロイセン政府の言論弾圧をよい機会として『ライン新聞』を退社し、１８４３年にパリにむかって最初の亡命の旅に立った。また、このとき、郷里の幼なじみのイェニーと結婚した。

パリに移住したマルクスは、『ヘーゲル法哲学批判序論』などを発表し、従来のヘーゲル左派の立場を完全に克服して、弁証法的唯物論と科学的社会主義の立場を表明した。１８４４年9月に、マルクスは、ヘーゲル左派の2年年下の同僚でその後「生涯の盟友」となるフリードリッヒ・エンゲルスと会合し、「あらゆる理論領域における見解が一致」していることを確認した。そこで、2人は「共同の仕事」をはじめ、『神聖家族』、『ドイツ・イデオロギー』を協力して書き、弁証法的唯物論を仕上げるとともに、それを人間社会の歴史に適用した史的唯物論を確立した。それとともに、マルクスは経済学研究にむかい、１８４７年に『哲学の貧困』を刊行し、またブリュッセルのドイツ人労働者協会で『**賃労働と資本**』の講演をした。また、１８４８年2月には、共産主義者同盟の綱領『共産党宣言』を起草し、刊行した。その１８４８年に2月革命、3月革命など民主主義を求める勤労大衆の革命的蜂起が西ヨーロッパ各地でおこると、マルクスは、エンゲルスとともに祖国ドイツに帰り、『新ライン新聞』を発行して、革命を指導する論陣をはり、そこに「**賃労働と資本**」の論説を連載した。この革命が挫折した１９４９年に、マルクスとエンゲルスは別の経路をたどって、ロンドンに亡命した。

その後、終生の亡命の地となったロンドンで、マルクスは、亡命生活の貧困のなかでエンゲルスの援助を受けながら、一方では国際的な労働・革命運動の指導にあたり、他方では大英博物館の図書室に十数年にわたって通いつづけ、経済学の本格的な研究をおこなった。１８６４年に第1インタナショナル（国際労働者協会）が創立されると、マルクスは、その中心的指導者として「創立宣言」などを起草し、１８６５年には「賃金・価格・利潤」の講演をして、労働・革命運動の理論的指針を示した。マルクスの本格的な経済学研究の最初の成果は、『経済学批判』として１８５９年に刊行されたが、その集大成である『資本論』の第1巻（初版）は１８６７年に刊行された。その後、マルクスは第2巻・第3巻の仕上げに取り組んだが、病苦のために刊行を果たすことができず、１８８３年に自宅で倒れて安楽椅子にかけたまま永眠した。

マルクスの死後、エンゲルスによって編集された『資本論』第2巻は１８８５年に、『資本論』第3巻は１８９４年に刊行された。また、エンゲルスによって編集された『**賃労働と資本**』の改訂版は１８９１年に刊行され、マルクスの末娘エリナによって編集された『賃金・価格・利潤』は１８９８年に刊行された。さらに、マルクスが『資本論』の第4巻とする予定であった手稿は、『剰余価値学説史』としてカウツキーの編集により、１９０５年から10年にかけて刊行された。

Marx for Beginners

マルクス・フォー・ビギナー③

Karl Marx

Wage-Labor and Capital

マルクス

賃労働と資本

大月書店

Karl Marx
Lohnarbeit und Kapital
Karl Marx und Friedrich Engels:
Ausgewählte Schriften in zwei Bänden. Bd. I
Dietz Verlag Berlin 1953

本文の翻訳の底本は，1953年にベルリンで発行された『マルクス＝エンゲルス2巻選集』である．

目次

解説——『賃労働と資本』をはじめて読むあなたへ

1 『賃労働と資本』はどんな本か

なんのために、なにをあつかった本か

『賃労働と資本』を学ぶにあたっては、まずこの本が、なんのために、なにをあつかった本であるかを理解しておく必要がある。それについて、マルクス自身は、この本の最初の「まえおき」でつぎのように指摘している。

「われわれは、現在の階級闘争や民族闘争の物質的基礎をなしている経済的諸関係をこれまで説明しなかったといって、いろいろな方面から非難をうけた」（本書54ページ、以下ではＰ54というように略記する）。「いまや、ブルジョアジーの存在と彼らの階級支配との基礎をなし、同様にまた労働者の奴隷状態の基礎ともなっている経済的諸関係そのものを、くわしく考究すべきときである」（Ｐ56）。

この冒頭の短い一句のうちに、この本が、なんのために、なにをあつかっているのかがたんてきに示されている。すなわち、『賃労働と資本』は、一言でいえば、われわれがそのなかで生活している資本主義社会の「経済的諸関係」をあつかった本であるが、この

「経済的諸関係」こそは「現在の階級闘争や民族闘争の物質的基礎」をなしているものなのである。それゆえ、マルクスは、いまや社会を変革しうる力量をもった社会勢力として歴史の舞台に登場した労働者階級に、自分のおかれた社会的地位を自覚させ、その「階級闘争や民族闘争」の正しい方針を示す理論的武器をあたえるために、この経済学の本を書いたのである。

ところで、以前の社会とはちがって、すべての生産物が商品として生産されていることをその一般的な特徴としている資本主義社会の「経済的諸関係」は、実は日常の経験ではとらえられない複雑で巧妙なしくみをなしている。そうして、そのしくみをときほぐす鍵は、そのしくみの基軸をなしている資本と賃労働との関係、いいかえれば資本家（階級）と労働者（階級）との経済関係（階級関係）を分析して、解明することである。実際、この社会では、商品である生産物をその労働によって生産している労働者は、いつもつつましく暮らすのにやっとな賃金しか受けとらず貧しいのに、労働者を雇っただけで自分は労働しない資本家は、ぼう大な利潤を受けとり富んでいくのはなぜなのか。

それは、これからこの本が科学的に明らかにするように、結局は、資本家が労働者の労働の一部分を、その対価を支払うことなく（不払いで）手に入れる、いいかえれば、資本家が労働者を搾取《さくしゅ》しているからなのである。そこで、『賃労働と資本』は、なによりもこのような（「搾取関係」ともいえるような）資本主義の経済関係を、労働者がもっとも身近で切実な関心をもっている賃金の問題を手がかりとしながら、解明している。この解明によって、資本主義の基本的な経済法則がはじめて明らかとなり、資本主義社会における労働者階級の社会的地位とその資本主義を変革する歴史的使命とがはじめて科学的に示されることとなったのである。

以上のように、『賃労働と資本』は、労働者階級の闘争の理論的武器として、資本主義の経済関係、いいかえれば「資本主義の搾取のしくみ」をはじめて正確に、しかも平易に解明した本であるために、それが１８４９年に発表されてから今日まで、世界のほとんどあらゆる各国語に翻訳され、何百万いや何千万という労働者によって読まれてきた。しかも、それが出版されてから１００年以上たった現代でも、その理論的内容はすこしも時代おくれにならないどころか、労働者階級の闘争の発展とともにたえずその輝きをましてきた。今後も労働者階級の闘争が続くかぎり、この「古典」はつねにその新鮮な現代的意義をもち続けるであろう。

現在のわが国をとってみても、毎年おびただしい出版物が洪水のようにだされ、ベスト・セラーとうたわれる本も数多いが、さて果たして、そのうちで、これから１００年後まで読まれ続け、しかも歴史の進展とともにたえずその真価がみなおされるような本が何冊あるであろうか。そう考えてみただけでも、『賃労働と資本』がいかに不滅のねうちをもった「古典」であるかがうかがい知れるであろう。

記念すべき古典であり経済学の最良の入門書

資本主義の経済関係のもとでは、資本家は労働者の労働が生みだした価値（商品の価格の本体）のうち、賃金の支払いにあてられる部分を超える部分（それは「剰余価値《じようよかち》」といわれる）を、不払いで手に入れる、すなわち搾取する。この「資本主義の搾取のしくみ」を解明した経済学の理論が「剰余価値論」であり、それはレーニンによってマルクス経済学の「要石《かなめいし》」とよばれた。「剰余価値論」は、マルクスの主著『資本論』第1巻において、もっとも厳密かつ精細に展開され、完成されている。

ところで、『賃労働と資本』は、その執筆の当時にはマルクスの経済学研究がまだ初期の段階にあったことによる若干の制約があるものの、『資本論』に十数年も先立って、「剰余価値論」の精髄《せいずい》をはじめて叙述した本であって、経済学の歴史のうえでもまことに記念すべき古典なのである。また、この記念すべき古典は、とくにその叙述の平易さと簡潔さの点で、マルクス経済学の最良の「入門的」なテキストである。『賃労働と資本』の入門的な性格について、マルクスは、本書の「まえおき」でつぎのように述べている。

「われわれはできるだけ簡単に、わかりやすく説明するようにつとめ、読者は経済学のごく初歩的な概念ももちあわせないものと前提しよう。われわれは、労働者にわかってもらいたいのである」（P56）。こうして、マルクスは、「経済学のごく初歩的な概念さえもたない」「労働者にわかってもらう」ために、できるかぎり親しみやすい平易な叙述につとめている。たとえば、資本主義の経済的諸関係を、まず労働者が切実な関心をもっている賃金の問題から説きおこし、それを手がかりにして説きあかしていくという仕方をとったり、労働者に耳なれない「剰余価値」という言葉をさけて、日常耳にする「利潤」という表現に統一したり、といった配慮をしている。そうして、おそらくこの本以上にマルクス経済学の核心を平易に説明することは不可能であると思われる。ここにわれわれは、かつてリープクネヒトが指摘したところのマルクスの「著しい平易化の才能」をみいだし、驚嘆せざるをえない。

『賃労働と資本』は、このように驚くべく平易な叙述で、マルクスがのちに『資本論』第1巻で展開した「剰余価値論」を中心とした巨大な理論体系を、わずか数十ページの小冊子に圧縮したものなのである。それゆえ、『賃労働と資本』は、(この「マルクス・フォー・ビギナー」に収められている『賃金・価格・利潤』とともに、)マルクス自身が書いた経済学の最良の入門書であり、『資本論』の最良の案内書である。ということは、また逆に、『賃労働と資本』の理論的内容をさらに厳密に深く理解するための最良の参考書は『資本論』(とくに第1巻)であるということができる。

2 『賃労働と資本』の成立の諸事情

刊行されたいきさつ

マルクスは、１８４７年12月から１８４８年のはじめにかけて、ベルギーのブリュッセルのドイツ人労働者協会で、労働者大衆のために経済学の講演をした。その講演をもとにしてマルクスは、１８４８年2月に『賃労働と資本』を書いたのである。しかし、(のちにマルクスが『経済学批判』の序言で述べたように、)『賃労働と資本』の印刷は2月革命とその結果生じたマルクスのベルギーからの追放によって妨げられ、ようやく１８４９年4月にマルクスが編集主筆をしていた『新ライン新聞』に連載された。それ以来、『賃労働と資本』は、パンフレット型の単行本として、各国語に訳され、各国で多くの版を重ねた。そうして、マルクスの死後、１８９１年4月に、マルクスの生涯の盟友《めいゆう》エンゲルスが、わずかの変更や追補をくわえた改訂版を編集して、出版した。

この改訂版について、エンゲルスは、その「まえがき」で、「これは、マルクスが一八四九年に書いたままのパンフレットではなくて、おおよそ彼が一八九一年にはこう書いたろうと思われるパンフレットである」（Ｐ36）とことわっている。それ以後は、『賃労働と資本』は、みなこのエンゲルス編集の改訂版を底本としてだされている。『賃労働と資本』の日本語訳は、戦前より、河上肇博士の名訳（岩波文庫、１９２７年刊）をはじめとして、ここであげきれないほど数多くの訳がだされているが、どの訳本をテキストにしても大きな差異はない。

さて、マルクスが『賃労働と資本』を講演し、執筆し、出版した１８４８年前後は、まさに歴史の狂瀾怒涛《きょうらんどとう》の時であった。とくに、１８４８年2月のフランスのパリにおける勤労者大衆の革命的蜂起《ほうき》は、たちまち連鎖的にドイツ、オーストリア、ハンガリー、イタリア、ポーランドなどへと波及し、自由と民主主義をめざす革命の嵐は、ヨーロッパ大陸全体の絶対主義的反動支配体制を根底からゆさぶった。そうして、マルクス自身もこの革命の渦中《かちゅう》に進んで身を投じ、亡命先から故国ドイツに戻って『新ライン新聞』を発行し、革命を指導し、鼓舞《こぶ》する論陣をはったのである。

しかしながら、この１８４８〜49年のブルジョアジー（資本家階級）を含む勤労大衆の革命闘争は、結局は、どこでもプロレタリアート（労働者階級）の急速な成長と革命化に恐れをなしたブルジョアジーが絶対主義的権力と妥協し、革命を裏切ったために挫折してしまった。これらの諸事件は、いまやブルジョアジーは自由と民主主義革命の旗をおしすすめる能力を失い、したがってプロレタリアートこそがブルジョアジーとの徹底的な階級闘争をとおして、革命の旗を堅持《けんじ》し、革命を勝利に導かなくてはならない時代が到来したことを示したのである。

しかし、労働者階級が階級闘争を進める能力と正しい方針をもつためには、どうしても資本主義社会における労働者階級の社会的地位と歴史的使命を明らかにする科学的社会主義の理論によって武装されなくてはならなかった。そこで、はじめに述べたように、労働者階級の階級闘争の理論的武器として、「階級闘争の物質的基礎」を明らかにした『賃労働と資本』が書かれたのである。またそれとともに、『賃労働と資本』の経済学的な分析をふまえながら、1848年のほとんど同じ時期に、科学的社会主義の最初の綱領《こうりょう》である『共産党宣言』が書かれ、出版されたことを忘れることはできない。そこで、『賃労働と資本』の歴史的意義を知るためには、(この「マルクス・フォー・ビギナー」に収められている)『共産党宣言』とあわせて学ぶことが望まれる。

こうして、1848年は、マルクスとエンゲルスによる科学的社会主義の成立という点からも、まさに画期的な年となった。当時、じつにマルクスは30歳、エンゲルスは28歳という若さであった。

なお、当時までにマルクス自身がいかにして経済学の研究にむかっていったかという事情については、『経済学批判』の序言をみるのがよい。それによると、初期のマルクスの専門的研究分野は哲学、歴史学、法学であった。ところが、1842～43年に『ライン新聞』の主筆をしているさいに、山林盗伐《とうばつ》と土地所有の分割、自由貿易と保護関税などの「物質的利害にかんする論争」に参加せざるをえなくなり、それを契機に思考を重ねたすえ、つぎのような結論に到達した。

「法的諸関係ならびに国家諸形態は、それ自体からも、またいわゆる人間精神の一般的発展からも理解できるものではなく、むしろ物質的な諸生活関係に根ざしているものであって、……この市民社会の解剖学は経済学のうちに求められなければならない」(杉本俊朗訳『経済学批判』、国民文庫、P15)。

このように史的唯物論の立場を確立したことにもとづいて、マルクスは、1843年から本格的な経済学研究の道に入った。そうして、それから4年目の1847年7月に経済学研究の最初の成果を発表した。当時の最大の「社会主義的指導者」におさまっていたプルードンを批判した『哲学の貧困』がそれである。『賃労働と資本』の講演は、それから半年後におこなわれたのであった。

そこで、『賃労働と資本』は、内容上は『哲学の貧困』の経済学にかんする見解の継続であるとみなされている。マルクスはまた、『賃労働と資本』では、『哲学の貧困』とともに当時書いた『経済学および哲学にかんする手稿』をもちいており、この「手稿」の一部分は、『賃労働と資本』のなかにほとんどそのままの形で再現されている。

こうした事情にもかかわらず、『哲学の貧困』における経済学研究が哲学的および歴史的研究ととけあい、またもっぱら論争の形式をとっているのにたいして、『賃労働と資本』はいっそう発展した見地から、資本主義的生産様式を資本と賃労働との関係によって本質的に規定される経済体制として、はじめて直接に体系だてて解明している点で、やはり画期的な研究なのである。

そうして、これらの諸労作の内容をみると、マルクスは、当時すでに自分の経済学批判を展開する基本的立場を築いていたと考えられる。しかし、「〔一八〕四〇年代には、マルクスはまだその経済学の批判をおえていなかった」（P35）。この基本的立場を発展させて、自分に先立つ古典経済学を徹底的に批判・克服し、そのうえに『資本論』の厳密な体系をうちたてるまでには、なお20年間にわたる天才の辛苦《しんく》の努力が必要とされたのである。

未完成に終わったとはいえひとつの独立した著作である

『賃労働と資本』の「まえおき」で、マルクスは、この本の構成についてつぎのように述べている。「われわれはつぎの三つの大きな部分にわけて説明することにする。⑴賃労働の資本にたいする関係、労働者の奴隷状態、資本家の支配。⑵今日の制度のもとでは、中間市民階級といわゆる農民身分の没落が避けられないこと。⑶世界市場の専制的支配者であるイギリスが、ヨーロッパのさまざまな国のブルジョア階級を商業的に隷属《れいぞく》させ搾取していること」(P56)。
マルクスは、『賃労働と資本』を、はじめこのように「三つの大きな部分」にわけて叙述する予定であったが、実際に叙述されたのは「(1)賃労働の資本にたいする関係、労働者の奴隷状態、資本家の支配」の部分だけであって、中間層の没落をあつかうはずの(2)の部分、およびイギリスによるヨーロッパ諸民族の商業的隷属化と搾取をあつかうはずの(3)の部分は、叙述されていない。したがって、実際の『賃労働と資本』は、「印刷物としては未完成のままになっている」(P34)。そうして、エンゲルスによると「このつづきの原稿は、マルクスの遺稿のなかに見つからなかった」(同)。

ところが、その後、1847年の「講義」の基礎となったとみなされる『賃金』という手稿が発見された。この手稿は、その内容が『賃労働と資本』と部分的に一致しているだけではなく、さらに賃金制度のブルジョア的「救済案」、「労働組合」の意義、「賃金制度の積極面」などという実際の『賃労働と資本』にはのらなかった興味深い問題をとりあつかっている。しかし、それでも、この手稿をエンゲルスのいう『賃労働と資本』の「つづきの原稿」とみなすことは困難であろう。

このように、『賃労働と資本』は未完成に終わっているのであるが、そのことは、この本の最良のテキストとしてのねうちを損なうものではないことを強調しておかなくてはならない。すなわち、『賃労働と資本』は、形のうえでは未完成に終わっているとはいえ、内容のうえでは、「賃労働の資本にたいする関係」を十分に解明していることによって、経済学の基本的な理論についてのひとつの完成された著作とみなすことができるのである。

そもそも、なぜマルクスは、最初のプランのうちの(1)の部分を叙述したのみで、(2)、(3)の部分を叙述しなかったのであろうか。それは、直接には、エンゲルスがいっているように1849年5月の『新ライン新聞』の発刊停止をまねいた諸事件のためであるけれども、さらにほりさげて考えてみると、じつはマルクス自身が(1)の部分を叙述することによってこの著作の目的を基本的には果たすことができたと考えたからではないだろうか。もしも、「三つの大きな部分」のうち(1)の部分しか叙述しなかったことが、「労働者にわかってもらいたい」というこの著作の最初の目的をゆるがすことだとすれば、マルクスほどの人がその後(2)、(3)の部分の叙述をついに中断したままに終わってしまったなどということは、私には考えられないのである。

というわけで、マルクス自身も、(1)の部分を書くことで、『賃労働と資本』を、経済学のテキストとしての役割を十分に果たせるひとつの独立した著作と考えたのではなかろうか。また、最初のプランの「三つの大きな部分」の内容をみても、(1)の部分こそが、後の(2)、(3)の部分の一般的基礎をなしていて、この著作の基本的な部分であることは明らかであって、(1)の部分はそれ自体でひとつの独立した著作たるねうちをもつものといえよう。

エンゲルスによるひとつの重要な改訂点

「まえがき」で説明されているように、1891年に『賃労働と資本』の新版をだすにさいして、エンゲルスは、このマルクスの著作に、ひとつの点について重要な改訂をほどこした。それは、「原本では、労働者は賃金とひきかえに資本家に彼の労働を売ることになっているが、このテキストでは彼が売るのは彼の労働力である」(P36)という点である。なぜこの改訂が重要かというと、「ここで問題になっているのはたんなる言葉のせんさくではなく、むしろ経済学全体のうちで最も重要な点のひとつ」(PP36-37)だからである。

スミス、リカードを代表とする古典経済学は、商品の価値はその商品の生産に必要な労働量(労働時間)によって決まるという「労働価値説」をはじめて唱えた点で、マルクスに先立つもっともすぐれた経済学であった。しかし、リカードは、賃金を「労働の価格」ととらえたために、「労働価値説にもとづいて剰余価値=利潤の発生をどう説明するか」という困難な問題にぶつかり、問題を解決することができなかった。マルクスだけが、「労働と労働力の区別」を発見することによって、この困難な問題をはじめて解決することができたのである。

以上のように「労働」を「労働力」に改訂したことの重要な意義については、エンゲルスの「まえがき」のすばらしく巧《たく》みな説明をまずよく読んでいただきたい。

ところで、『賃労働と資本』の「原本」でも、マルクスは、「労働と労働力の区別」を事実上はおこなっており、それにもとづいて「賃金」や「利潤（＝剰余価値）」の説明を正しくおこなっている。それゆえ、『賃労働と資本』は経済学の発展史のうえでもやはり画期的な著作である。

しかし、「〔一八〕四〇年代には、マルクスはまだその経済学の批判をおえていなかった」（P35）。マルクスが、「労働と労働力の区別」を理論的におこない、「労働」と「労働力」をはっきり異なったカテゴリーとして確立するのは、後に古典経済学の徹底的な批判を完了した過程においてであり、最終的には1867年刊行の『資本論』第1巻においてである。

したがって、エンゲルスは、『賃労働と資本』の新版をだすにあたって、マルクスの「一八四九年のころの古い叙述」を、その後完成されたマルクスの「新しい立場と一致させ」るために、この「重要な点」についての改訂をほどこしたのであった（P36）。

それゆえ、読者は、エンゲルスによる改訂が、けっして『賃労働と資本』の著者と原本の真価を損なうものではなく、むしろ「マルクスの精神にしたがって行動するもの」（同）であったことを理解するとともに、そこにマルクスによる「経済学批判」の発展をくみとらなくてはならない。

3 『賃労働と資本』の構成と各章の要旨

「まえおき」と5つの章

『賃労働と資本』は、マルクスが「まえおき」で述べている「三つの大きな部分」のうちの「(1)賃労働の資本にたいする関係、労働者の奴隷状態、資本家の支配」の部分について体系だって述べた経済学の著作である。

マルクス自身はこの著作の章別の構成を示していないが、この著作は、その体系的な理論の内容のうえで、「まえおき」と5つの章（部分）にわけることができる。

そこで、この訳本では、読者の便宜のために、各章の冒頭に1〜5の数字を付して、各章の区分を示してある。以下では、各章の要旨をごく簡潔に示して、『賃労働と資本』を学ぶためのガイド・マップとしよう。

「まえおき」について

「まえおき」では、マルクス自身が、「階級闘争が巨大な政治的形態をとって発展」（P56）した当時の情勢の特徴や、そのなかで経済学の叙述をする意図やその構成について述べているが、その要旨についてはすでに紹介したのでくりかえさない。当時の情勢をより深く知りたい読者には、まずマルクスの『1848〜50年のフランスにおける階級闘争』を読むことをおすすめする。

当時の情勢の総括《そうかつ》からマルクスが得た結論は、「どんな革命的反乱も、その目標がどんなに階級闘争からかけはなれているようにみえようと、革命的労働者階級が勝利するまでは失敗せざるをえないということ、どんな社会改良も、プロレタリア革命と封建的反革命とが一つの世界戦争で勝敗を決するまでは、空想にとどまるということ」（P55）であった。若きマルクスの革命家としての血がたぎっているのが感ぜられるではないか。

第1章の要旨

この章では、「賃金とはなにか？」（P57）という問題が明らかにされている。

資本主義社会の日常の経験では、労働者は資本家に自分の「労働」を売って、それとひきかえに賃金を受けとるようにみえ、そこで、賃金は「労働の価格」のようにみえる。「しかし、これはそうみえるだけである。労働者が実際に貨幣とひきかえに資本家に売るのは、彼らの労働力である」（P58）。つまり、この社会では、労働者の「労働力」がひとつの商品として売買されているのであり、賃金は、「労働力の価格」なのである。

というわけで、資本家は、原料や労働用具を商品として買い入れるのとおなじように、労働力という商品を「彼の手持の財産、彼の資本の一部をもって」（P61）買うのである。「だから、賃金は、自分の生産した商品にたいする労働者の分けまえではない。賃金は、資本家が一定量の生産的労働力を買いとるのにもちいる既存の商品の部分である」（PP61－62）。

では、労働者は、なぜ自分の労働力を商品として売るのか。ずばりいえば、「生きるためである」（P62）。すなわち、資本主義社会では、資本家が「原料、労働用具、生活資料の所有者」（P64）であるのにたいして、労働者は自分の労働力以外なにひとつ所有していない。こういう関係のもとでは、労働者は資本家に自分の労働力を時間ぎめで切売りするほか生きていけず、彼にできる自由はせいぜいどの資本家に労働力を売るかということにすぎない。それゆえ、「彼は、あれこれの資本家のもちものではないが、資本家階級のもちものである」（P65）。

なお、以上の点で、賃金労働者階級は、奴隷や農奴《のうど》と異なった階級であることを知らなくてはならない。奴隷は「彼自身が商品」（P64）なのであり、農奴は彼自身の生産物の一部を「貢物《みつぎもの》」（同）としてとられるのであって、両者とも労働力を所有していて労働力を商品として売るわけではない。

第2章の要旨

この章では、「商品の価格はなにによって決定されるか」（P66）が明らかにされ、それにもとづいて、第1章の最初に提起されていた「賃金はどのようにして決定されるか？」という問題が明らかにされている。

商品の価格は、誰もが日常経験しているように「買手と売手のあいだの競争によって、需要と供給、欲求と提供の関係によって決定される」（同）。しかし、商品の価格が需要と供給の関係によって、あがったり、さがったり、変動するとはどういうことなのか。そもそも、高い価格、低い価格とは、なにを基準に高い、低いというのか。すなわち、「価格が需要・供給の関係できまるとすれば、需要・供給の関係はなににによってきまるのか」（P69）が問題にされなくてはならない。

資本家は、高い価格、低い価格ということを、普通のもうけ（利潤）が得られる価格すなわち「彼の商品の生産費」（P70）を基準としていうのである。生産した商品を生産費より高い価格で売れれば普通以上のもうけ（利潤）が得られ、低い価格で売れれば普通以下のもうけ（利潤）しか得られないということを、資本家はよく知っている。だから、ある商品にたいする需要が供給を上まわり、その商品の価格が生産費より高くなったばあいには、「大量の資本がこの繁盛《はんじよう》している産業部門にながれこんでくるであろう。そして、好況産業の分野への資本のこうした移動は、……その産業の生産物の価格が……生産費以下に下落するまで、つづくであろう」（P71）。ある商品にたいする供給が需要を上まわりその商品の価格が生産費より低くなったばあいには、以上とは逆のことがおこる。

このようにして、「なるほど、商品の現実の価格はつねにその生産費を上まわるか下まわるかであるが、上昇と下落は相殺《そうさい》されるので、一定期間の産業の満干を通算すれば、商品は、その生産費に応じてたがいに交換される。だから、商品の価格はその生産費によって決定されるのである」（P73）。

さらに、「価格が生産費によって決定されるということは、価格がある商品を生産するのに必要な労働時間によって決定されるということにひとしい。というのは、生産費は、(1)原料、および用具の磨損《まそん》分、すなわち、それを生産するのにある量の労働日がついやされ、したがってある量の労働時間をあらわしている産業生産物、(2)まさに時間を尺度とする直接の労働、からなっているからである」（PP74－75）。

さて、賃金もまた、労働力という商品の価格である以上、このような「一般に商品価格を規制しているのと同じ一般的な法則」（P75。「価値法則」といわれる）によって規制されている。すなわち、賃金もまた、労働力という商品の需要と供給の関係によって変動するが、「しかし、この変動の範囲内で、労働（力）の価格は生産費によって、つまり、この労働力という商品を生産するのに必要な労働時間によって、決定されるであろう」（同）。

　では、労働力の生産費とはなにかというと、「それは、労働者を労働者として維持するために、また労働者を労働者にそだてあげるために、必要な費用である」（同）。そこで、特別な養成期間を必要としない「単純な労働力の生産費は、労働者の生存および繁殖費に帰着する」（P77）。

第3章の要旨

　この章では、第2章で明らかにされた商品の価格と賃金を規制する法則（価値法則）をもとにして、この解説の最初で指摘した「資本主義の搾取のしくみ」が解明される。

「（マルクス以前の）経済学者たち」は、資本とは、新しい生産のための手段として役立つ原料、労働用具、生活資料からなりたっている労働の生産物であり、「蓄積された労働（過去の労働）」であると説明したが、これは、「黒人奴隷とは黒色人種の人間である」という説明のように、本質的にはなんの意味もない説明である（P78）。黒人がある社会の生産関係（奴隷制の生産関係）のもとでのみ黒人奴隷となるように、労働の生産物すなわち「蓄積された労働」も、ある社会の生産関係（資本主義の生産関係）のもとでのみ資本となるのである。このように、資本とは、「一つの社会的生産関係」であり、「ブルジョア社会の一生産関係」である（P80）。

さて、資本主義の生産関係のもとでは、資本は、生活資料、労働用具、原料などの「物質的生産物の一総和」であるだけではない。それらの生産物はすべて商品であり、したがって、資本はなによりも「諸商品、諸交換価値、社会的な諸量（価値量）の一総和」である（P81）。「では、（何万円、何億円といった）諸商品、諸交換価値の一総和が、どのようにして資本となるのか？」「それが、直接の生きた労働力との交換をつうじて、……みずからを維持し、ふやすことによってである」（PP82－83）。すなわち、「資本家と賃金労働者とのあいだの交換」についてみてみると、「労働者は、彼の労働力と交換に生活資料を受けとるが、資本家は彼の生活資料と交換に、労働を、労働者の生産的活動を、創造力を受けとる。労働者は、その労働、生産的活動、創造力によって、彼の消費するものを補填《ほてん》するだけではなく、蓄積された労働に、それが以前にもっていたよりも大きな価値をあたえるのである」（PP83－84）。

このことを、解説者がつくったひとつの例によって説明しよう。労働者の労働が1時間に2000円の価値を生産するとし、資本家が労働者に1日分の労働力の価値である賃金

8000円を支払って、自分の工場で1日に8時間労働させたとしよう。そうすると、その労働者の労働は、はじめの4時間に賃金と等しい価値8000円を生産するだけではなく、さらにあとの4時間に余分な価値（『資本論』では「剰余価値」という）8000円を生産する。こうして、労働者が1日8時間に新しく生産した価値（『資本論』では「価値生産物」という）1万6000円のうち、はじめの4時間に生産した価値8000円は賃金として労働者に支払われるが、あとの4時間に生産した余分な価値（剰余価値）8000円は、（どこにも支払われることなく、すなわち不払いで）そのまま資本家の利潤となるのである。これが、労働者の労働の一部を資本家が不払いで取得する、すなわち搾取するしくみであり、資本が「みずからを維持し、ふやす（増殖する）」しくみである。

以上の結果、資本家は、その商品を価値（第2章でいう「生産費」のこと）どおりに販売するとつねに利潤を得るが、労働者は、賃金を得て、それで生活資料を買って消費するだけで、つねに無産の労働者のままなのである。「だから、資本は賃労働を前提し、賃労働は資本を前提する。両者はたがいに相手方の条件となっている。両者はたがいにうみだしあう」（P86）。

第4章の要旨

この章では、第3章で明らかにした資本家と労働者の利害の対立が、資本が増大し、賃金があがった場合でさえけっしてなくならず、資本家にたいする労働者の社会的地位の低下をまねくことが、明らかにされる。

資本主義のもとで労働者にとって「最も有利な場合」（P89）は、生産的資本が増大し、労働力にたいする需要が増大し、したがって賃金があがる場合なのであるが、ところが、「生産的資本が急速に増大すれば、富、ぜいたく、社会的欲望、社会的享受《きょうじゅ》も同じように急速に増大する。だから、労働者の享受がたかまったとはいえ、労働者には手のとどかない資本家の享受の増大にくらべれば、また一般に社会の発展水準にくらべれば、それがあたえる社会的満足は低下したのである」（PP89－90）。このように、資本の増大につれて賃金が増大する場合でさえ、労働者の社会的地位は相対的に低下し、資本の支配が増大する。

こういうわけであるから、われわれは、ただ賃金の名目額（名目賃金）をみるだけではなく、「賃金にふくまれているいろいろな関係」をみなくてはならない。すなわち、賃金は、第一に、物価とくらべた「実質賃金」として、第二に、利潤とくらべた「相対的賃金」としてとらえられなくてはならない（PP92－93）。実質賃金は、「実際に賃金と交換に得られる諸商品の総和」としてとらえられ、相対的賃金は「利潤にたいする賃金の比率によって規定される」（同）。そうして、「実質賃金はもとのままであっても、またそれがあがってさえ、相対的賃金は、それにもかかわらずさがることがありうる」（P94）。

「では、その相互関係でみた賃金と利潤の騰落を規定する一般法則はどういうものか」（P95）というと、こうである。「賃金と利潤は、反比例する。……利潤は、賃金がさがっただけふえ、賃金があがっただけへる」（同）。ここにこそ、「資本の利害と賃労働の利害とはまっこうから対立する」（P98）根拠がある。

こうして、われわれが知ることができる結論は、こうである。「資本ができるだけ急速に増大することは、労働者階級にとって最も有利な状態であるのだが、この状態でさえ、どれほど労働者の物質的生活を改善しようと、労働者の利害と、ブルジョアの利害、資本家の利害との対立をなくしはしない。利潤と賃金とは、あいかわらず反比例する」（P99）。

第5章の要旨

この章の前半では、生産的資本の増大（『資本論』では「資本の蓄積《ちくせき》」という）がいかに分業や機械の改良をもたらしながら進展していくかが、後半では、それが労働者の賃金にどのような影響をおよぼすかが明らかにされている。

第4章では、生産的資本の増大と賃金の増大とが結びついていることを前提として、資本と賃労働との対立関係を考察したが、実は、このように「資本がふとればふとるほど資本の奴隷の餌《えさ》もよくなる」（Ｐ１０１）というブルジョア経済学者の主張はそのまま信じてはならないものである。

では、生産的資本の増大、すなわち資本の蓄積過程の進展は、どのような事態をひきおこすのか。それは、たがいにもうけるために労働の生産力をたかめて商品の生産費をひくめようとする資本家どおしの激烈な競争をとおして、分業と機械とが全面的に採用され、たえず改良されていくという事態をひきおこす。資本の蓄積過程では、「生産方式、生産手段はこうしてたえず変革され、革命化されてゆき、分業は一段と大がかりな分業を、機械の使用は一段と大がかりな機械の使用を、大規模な作業は一段と大規模な作業を、必然的によびおこすのである」（Ｐ１０６）。

それでは、生産的資本の増大にともなう分業の発展と機械のますます大がかりな使用は、賃金の決定にどういう影響をおよぼすであろうか。

分業（作業場内の分業）の発展は、第一に、労働者1人あたりの仕事量をますことで、彼らの競争をはげしくし、第二に、労働を単純化し、特別の熟練を不要にして彼らの競争者をまし、労働力の生産費をさげて賃金を下落させる。「だから、労働が不満足な、不愉快なものになるにつれて、競争が増大し、そして賃金が減少する」（Ｐ１１０）。

「機械も、これと同じ影響をはるかに大きな規模でうみだす」（Ｐ１１１）。というのは、機械は、まず「熟練労働者を不熟練労働者で、男を女で、大人を子供でおきかえる」からであり、また「手作業労働者を大量に街頭になげだし」、ぼう大な失業者を生みだすからである（同）。そうして、「機械のためにある産業部門からほうりだされた労働者群は、賃金がもっと低く、もっと悪いところ」に「避難所」をみつけようとし（Ｐ１１３）、やがて「一労働者家族の生計の資」（Ｐ１１４）を、まえには１人の成年労働者が得ていたのに、こんどは女も子供も家族総ぐるみで働いてやっと得ることになる。

以上を要約するとこうなる。「生産的資本が増大すればするほど、分業と機械の使用がそれだけ拡大する。分業と機械の使用が拡大すればするほど、労働者のあいだの競争がそれだけ拡大し、彼らの賃金はますます収縮する」（ＰＰ１１４－１１５）。このような生産的資本の増大すなわち資本の蓄積の内的傾向は、「多数の小産業家や小金利生活者が労働者階級のなかへ転落してくる」（Ｐ１１５）ことによって、いっそう促進される。最後に、以上のような資本の蓄積過程に特有な諸矛盾は、資本主義生産に特有な恐慌《きょうこう》（過剰生産恐慌）をひきおこし、恐慌をとおしていっそうはげしくなる。

では、読者諸君は、この「解説」をよいガイド・マップとして、科学としての経済学を自らの頭脳を鍛えつつ学び、身につけるのだという意気ごみをもって、『賃労働と資本』を精読されたい。そのうえで、さらに『資本論』というマルクス経済学の最高峰への登頂をめざされることを期待する。なお、本訳文の下段の「事項注記」は、「大月センチュリーズ」の注解を参照しつつ、解説者が新たに作成したものである。

金子ハルオ

賃労働と資本

まえがき

以下の労作は、『新ライン新聞』の一八四九年四月五日号以降につづきものの論説としてのったものである。そのもとになったのは、マルクスが一八四七年にブリュッセルのドイツ人労働者協会でおこなった講義である。労作は、印刷物としては未完成のままになっている。第二六九号のおわりに「つづく」とあるが、これは、そのころたてつづけにおこったいろいろの事件、ロシア軍のハンガリー侵入や、この新聞自体の禁止（一八四九年五月一九日）のきっかけとなったドレスデン、イーザーローン、エルバーフェルト、プファルツ、バーデンの蜂起の結果、実行されずにおわった。このつづきの原稿は、マルクスの遺稿のなかに見つからなかった。

『賃労働と資本』は、パンフレット型の単行本としていくつもの版がでている。いちばん最近のものは、一八八四年にホッティンゲン－ツューリヒででたスイス協同組合印刷所版である。これらの従来の版本は、原文のテキストそのままであった。しかし、今回の新

▽▽『新ライン新聞』……一八四八年のドイツ三月革命の直後に、亡命先から故国ドイツにもどったマルクスとエンゲルスが、六月一日にプロイセンのライン州ケルンで発刊した日刊の政治新聞。同じケルンで一八四二〜四三年にマルクスが編集した『ライン新聞』の伝統を受けついで、また当面のドイツ革命の課題を示して、紙名・副題を『新ライン新聞——民主主義の機関誌』とした。革命的民主主義の立場から、全ドイツとヨーロッパの革命と反革命の重要事件を報道し、予約購読者数は、プロイセン政府による発行禁止時には六〇〇〇に達していた。『賃労働と資本』の原本となったマルクスの論説は、『新ライン新聞』一八四九年四月五日、六日、七日、八日、一一日の各号に五回にわたって連載され、そこで中断された。

▽▽**マルクス**……Marx, Karl（1818–83）。科学的社会主義の理論の創始者。本書『賃労働と資本』(*Lohnarbeit und Kapital*) の著者。本書の「解説」を参照。

▽▽**ドイツ人労働者協会**……ベルギーに亡命中のマルクスとエンゲルスが、一八四七年六月の共産主義者同盟第一回大会の二ヵ月後に、ブリュッセル在住のドイツ人労働者大衆にマルクス主義（科学的社会主義）を宣伝し、普及するためにつくった労働者教育の組織。

版は、宣伝用パンフレットとして一万部以上も配布される予定となっている。そこで私には、こういう事情のもとではマルクス自身、原文どおりそのまま重版することに賛成するかどうか、という疑問がおこらざるをえなかった。

〔一八〕四〇年代には、マルクスはまだその経済学の批判をおえていなかった。これは、五〇年代の末にやっとおわったのである。だから、『経済学批判』の第一分冊（一八五九年）よりまえにでた彼の著作は、個々の点では、一八五九年よりのちに書かれた著作とちがっており、のちの著作の立場からみれば適当でなかったり、まちがってさえいると思われる表現や、命題そのものをふくんでいる。ところで、一般読者を目あてとした普通の版では、著者の精神的発展の一部をなしているこういう初期の立場もさしつかえないし、著者にも読者にも、これらの旧著をそのまま重刷するよう要求する争う余地のない権利があるということは、自明のことである。私にしても、そのうちの一語でもかえようとは、夢にも思わなかったであろう。

マルクス

≫（マルクスによる）**経済学の批判**……マルクスは、古典経済学をはじめとする自分に先立つ経済学説を批判的に研究し、その批判的継承のうえに自分の経済学をうちたてた。それゆえ、マルクスの経済学研究の過程は、「経済学の批判」といわれ、それによってうちたてられた経済学は「経済学批判体系」といわれる。

≫『**経済学批判**』……マルクスの「経済学批判体系」を生みだした一八五〇年代の経済学研究の最初の成果として、一八五九年に刊行された。一八六七年に刊行される『資本論』第一巻の「第一篇　商品と貨幣」に相当する内容をもち、科学的に完成された商品論と貨幣論が展開されている。また、その「序説」では、経済学の研究と叙述の方法などが説明されている。

新版がほとんど労働者のあいだでの宣伝だけを目的としている場合には、話はべつである。その場合には、マルクスは、無条件に、一八四九年のころの古い叙述を彼の新しい立場と一致させたであろう。そして私は、今回の新版のために、すべての重要な点でこの目的を達するのに必要な少数の変更や追補をおこなうことは、マルクスの精神にしたがって行動するものだ、と確信している。そこで、私は読者にあらかじめおことわりしておく。これは、マルクスが一八四九年に書いたままのパンフレットではなくて、おおよそ彼が一八九一年にはこう書いたろうと思われるパンフレットである。それに、ほんとうの原文は非常な大部数で流布しているので、私が将来だす全集にそれをふたたびもとのまま再録できるようになるまでは、それで十分である。

私がくわえた変更は、すべて一つの点をめぐっている。原本では、労働者は賃金とひきかえに資本家に彼の労働を売ることになっているが、このテキストでは彼が売るのは彼の労働力である。そして、この変更について説明すること、つまり、労働者にたいしては、こ

▽**「私がくわえた変更」**……エンゲルスがおこなった変更や追補、すなわちマルクスの原本とエンゲルスが編集した一八九一年版との異同については、邦訳『マルクス＝エンゲルス全集』第六巻（大月書店）に収録されている原本の邦訳の該当箇所に注記されている。

▽**労働と労働力**（の区別と関連）……「労働」と「労働力」との区別と関連を把握することは、労働価値説にもとづいて資本による剰余価値＝利潤の生産を解明するために決定的に重要な点である。「労働力」とは、生きた人間にそなわっている、ものを生産するさいに使う「肉体的・精神的諸能力の総体」であると、マルクスは『資本論』のなかでいっている。そうして、人間がその労働力を実際に使用する（または消費する）のが「労働」である。したがって、労働力と労働との区別と関連は、ちょうど、機械そのものとその機械を運転する（使用する）こと、あるいは砂糖そのものとその砂糖を食べる（消費する）こと、の区別と関連と同様なのである。労働者が資本家に賃金とひきかえに売っているものは労働力であり、その労働力を資本家が使用する過程が資本主義の労働過程である。

こで問題になっているのはたんなる言葉のせんさくではなく、むしろ経済学全体のうちで最も重要な点のひとつなのだということをわからせるために説明し、またブルジョアにたいしては、どんなにむずかしい経済学上の叙述でも無教養の労働者にはたやすくわからせることができるのだから、一生涯かかってもこういうこみいった問題を解くことのできない、高慢ちきな「教養人」より、無教養の労働者のほうがずっとすぐれているのだということをさとらせるために説明することは、私の義務である。

古典経済学は、産業の実践から、工場主は彼の労働者の労働を買い、それにたいして支払っているという、工場主のありきたりの考えをうけついだ。こういう考えでも、工場主の商売上の必要には、簿記や価格計算には、十分まにあってきた。ところが、それが素朴に経済学にもちこまれたとき、じつにおどろくべき思いちがいと混乱がひきおこされたのである。

経済学はつぎの事実にゆきあたる。それは、すべての商品の価格は、経済学で労働とよばれている商品の価格をもふくめて、たえず

アダム・スミス

>>**古典経済学**……一七世紀後半から一九世紀前半にかけて、資本主義的生産様式が形成され、確立されつつあったイギリスとフランスで、資本主義経済の最初の科学的研究をおこなったブルジョア経済学説。マルクスによれば、イギリスでは、ペティ（1623–87）にはじまり、スミス（1723–90）を経て、リカード（1772–1823）に終わり、フランスでは、ボワギュベール（1646–1714）にはじまり、ケネー（1694–1774）を経て、シスモンディ（1773–1842）に終わった。資本主義を永久に続く自然的経済制度ととらえるブルジョア的限界をもちながらも、はじめて労働価値説（商品の価値をその商品の生産に必要な労働の量によって規定する学説）にもとづいて資本主義的生産関係の内面的関連を探求し、賃金、利潤、地代の対抗関係を解明した。その点で、科学的社会主義の源泉の一つとなった。

変動するということ、商品の価格は、種々さまざまな事情、しばしば商品そのものの生産とまったくなんのかかわりもない事情の結果として上がったり下がったりしているので、価格は通常まったくの偶然によってきまるようにみえるということである。そこで、経済学が科学として登場するやいなや、その最初に当面した課題のひとつは、外見上商品価格を支配しているようにみえるこの偶然の背後にかくれていて、実際にはこの偶然そのものを支配している法則を、さがしもとめることであった。あるいは上へ、あるいは下へと、たえず変動し動揺する商品価格の内部に、経済学は、この変動と動揺の中軸となっている固定した中心点をさがしもとめた。一言でいえば、経済学は、商品価格から出発して、それを規制する法則としての商品価値、つまり、すべての価格変動がそれによって説明され、また結局はふたたびそれに帰着するはずの商品価値をさがしもとめたのである。

そこで古典経済学が見いだしたのは、ある商品の価値は、その商品にふくまれており、その商品の生産に必要な労働によって決定さ

>>**偶然そのものを支配している法則**……この「偶然そのもの」とは、市場でそのときどきの需要と供給との関係によって変動している価格をさす。それを「支配している法則」とは、価値法則（商品の価値はその商品の生産に社会的に必要な労働量によって規定されるという法則）をさす。

>>**古典経済学**……前出。三七ページ。

れることであった。古典経済学はこの説明で満足した。そしてわれわれも、さしあたってはこの説明でまにあわせることができる。ただ、誤解を避けるためにここで注意しておくが、この説明は今日ではまったく不十分なものになっている。マルクスがはじめて、価値を形成する労働の性質を根本的に研究し、そのさい、ある商品の生産に一見必要だと思え、あるいは実際にも必要な労働ならどれでも、いつでも、消費された労働量と一致する価値量をその商品につけくわえるとはかぎらないことを、発見した。だから、今日われわれが、リカードのような経済学者にならって、手みじかに、ある商品の価値はその商品の生産に必要な労働によって決定される、というにしても、そのさい、われわれはつねに、マルクスによってなされた留保を前提しているのである。ここではこれだけ言っておけばよい。それ以上のことは、マルクスの『経済学批判』（一八五九年）と『資本論』第一巻にある。

しかし、経済学者たちは、労働によって価値が決定されるというこのことを「労働」という商品に適用するやいなや、つぎつぎに矛

>>**価値を形成する労働の性質**……マルクスは、商品は使用価値と価値との二要因の統一物であり、それは商品を生産する労働が、一方では具体的有用労働であり、他方では抽象的人間労働であるという二重の性質をもっていることに由来することを明らかにした。「価値を形成する労働」とは、商品に対象化された抽象的人間労働であり、その大きさはその商品を生産するのに社会的に必要な労働量（労働時間）によって規定される。この点については、『資本論』第一巻第一章第一節および第二節で精密に展開されている。

>>**リカード**……Ricardo, David（1772-1823）。イギリス古典経済学の完成者。主著は、『経済学と課税の原理』（一八一七年刊）。アダム・スミスの労働価値説のなかに含まれていた「投下労働価値説」と「支配労働価値説」のうちの「投下労働価値説」を継承し、徹底させた。

>>**『経済学批判』**……前出。三五ページ。

>>**『資本論』第一巻**（*Das Kapital.* Bd I）……マルクスの主著。一八六七年に初版を刊行。

盾におちいった。「労働」の価値はどのようにして決定されるか？そのなかにふくまれる必要労働によってである。だが、ある労働者の一日、一週、一ヵ月、一年間の労働には、どれだけの労働がふくまれているか？　一日、一週、一ヵ月、一年分の労働である。もし労働がいっさいの価値の尺度であるなら、われわれは、「労働の価値」もほかならぬ労働で表現するほかないことになる。しかし、われわれが、一時間の労働の価値は一時間の労働にひとしいということしか知らないなら、われわれは一時間の労働の価値について絶対になにも知っていないのである。だから、それによっては、われわれは髪の毛一筋でも目標に近づいたことにならない。われわれはぐるぐると堂々めぐりをつづけているだけである。

そこで、古典経済学は、言いまわしをかえてみた。彼らはこう言った。ある商品の価値はその生産費にひとしい、と。だが、労働の生産費とはなにか？　この問いにこたえるには、経済学者たちは、論理をすこしばかり曲げなければならない。労働そのものの生産費は、残念ながらたしかめることができないから、彼らは、それのか

>>**古典経済学**……前出。三七ページ。

>>**生産費**……この「まえがき」でいう「生産費」とは、リカード学派のいう「生産費」のことで、ある商品を生産するのに必要な労働量、すなわち商品の価値をさす。なお、七〇ページの「商品の生産費」を参照。

わりに、いまや労働者の生産費とはなにか、を研究する。そして、このほうはたしかめることができる。それは、時と事情とに応じて変わりはするが、一定の社会状態、一定の地方、一定の生産部門についてみれば、やはり一定しており、すくなくともかなりに狭い限界内にある。われわれは今日、資本主義的生産の支配のもとに生活しているが、ここでの住民の大きな一階級、しかもたえず数をましていく一階級は、賃金とひきかえに生産手段――道具、機械、原料、生活資料――の所有者のためにはたらく場合にだけ、生活することができる。この生産様式の基礎のうえでは、労働者の生産費は、彼に労働する能力をあたえ、彼の労働能力をたもつために、そして老年や病気や死のために彼が去った場合に新しい労働者でこれを補充するために、つまり、労働者階級を必要な人数だけ繁殖させるために、平均的に必要とされる生活資料の総和――またはその貨幣価格――からなっている。われわれは、これらの生活資料の貨幣価格を平均一日三マルクと仮定しよう。

そこで、わが労働者は、彼をやとっている資本家から一日三マル

>>**生産手段**……人間の労働過程は、労働そのもの、労働対象（土地や原料など）、労働手段（道具や機械など）という三つの要素から成りたっている。この三つの要素のうち、生産物の生産に使用される労働対象と労働手段とをあわせて、生産手段という。生産手段は、通常、生産財ともいわれる。なお、マルクスは、『賃労働と資本』を書いた当時には、生産手段をしばしば労働手段の意味で使用していた。

>>**機械**……一〇二ページの「機械」をみよ。

>>**原料**……製鉄業における鉄鉱石や紡績業における綿花のように、過去の労働によって生産された労働対象のこと。

>>**生活資料**……衣・食・住などの人間の生活に必要な生産物。生存する個人を前提とすれば、人間は生活資料を消費することによって自分自身を維持し、再生産する。生活資料は、通常、消費財ともいわれる。資本主義生産関係のもとでは、生産手段だけではなく生活資料も資本家の所有物であり、労働者は、自分の労働力を資本家に売って賃金を得なければ、生活資料を手に入れて消費することができない。

>>**マルク**……ドイツの貨幣単位。くわしくは、五八ページの「マルク」をみよ。

>>**貨幣価格**……商品の価値を、それと等置された貨幣で表現したもの。「価格」をていねいに言ったもの。

クの賃金を受けとる。資本家は、そのかわりに、彼を一日にたとえば一二時間はたらかせる。そのさいこの資本家は、おおよそつぎのように計算する。

わが労働者——機械工——がある機械の一部品をつくるものとし、それを一日でしあげるものと仮定しよう。原料——必要な半加工形態にある鉄や真鍮《しんちゅう》——に二〇マルクかかる。蒸気機関による石炭の消費、この蒸気機関そのものとわが労働者がその作業にあたって使用する旋盤その他の道具との磨損分は、一日あたりにしてこの労働者に割りふって計算すれば、一マルクの価値をあらわす。一日分の賃金は、われわれの仮定によれば、三マルクである。この機械部品について以上を合計すれば、二四マルクとなる。しかし、資本家は、この部品とひきかえに平均二七マルクの価格を、したがって彼の投下した費用より三マルクだけ多く、彼の顧客から受けとるように、計算をたてるのである。

資本家がポケットにいれるこの三マルクはどこからでてくるのか？　古典経済学の主張によれば、商品は平均してその価値で、す

>>**機械**……一〇二ページの「機械」をみよ。

>>**原料**……前出。四一ページ。

>>**旋盤その他の道具の磨損分**……いまでいう固定資本の「減価償却費」に相当する。

>>**古典経済学**……前出。三七ページ。

なわち、これらの商品にふくまれている必要労働量に一致する価格で、売られる。そうとすれば、この機械部品の平均価格――二七マルク――は、それの価値に、すなわちそれにふくまれている労働に、ひとしいことになろう。しかし、この二七マルクのうち二一マルクは、わが機械工がその労働をはじめるまえにすでに存在していた価値であった。二〇マルクは原料にふくまれていたし、一マルクは作業中にたかれた石炭や、作業にあたって使用されてこの価値額だけその作業能力を減じた機械や道具にふくまれていた。あと六マルクのこるが、これが原料の価値につけくわえられたものである。しかし、この六マルクは、わが経済学者たち自身の仮定によれば、わが労働者が原料につけくわえた労働からしか生じることができない。してみると、彼の一二時間の労働は六マルクの新しい価値をつくりだしたことになる。そうとすれば、彼の一二時間の労働の価値は六マルクにひとしいことになろう。こうして、われわれはついに、「労働の価値」とはなにかを発見したことになろう。

「ちょっとまってくれ！」とわが機械工はさけぶ。「六マルクだっ

>> **「労働の価値」**……「労働の価値」とはふつうには賃金を意味するが、ここでの「労働の価値」とは「労働がつくりだした価値」を意味する。そこで、「労働」は「二つの価値」をもつことになってしまう（四四ページ）。

て？　だが、おれは三マルクしかうけとっていないぞ！　おれの資本家は、おれの一二時間の労働の価値は、三マルクにすぎないと、神かけて断言している。そしておれが六マルク要求しようものなら、彼はおれをわらいとばしてしまう。どうしたら、このつじつまをあわせられるのか？」

われわれはわが労働の価値について、さきにははてしない堂々めぐりにおちいったが、今度はいよいよ解くことのできない矛盾にはまりこんでしまった。われわれは労働の価値をさがしもとめて、必要以上のものを見つけてしまった。一二時間の労働の価値は、労働者にとって三マルクであるが、資本家にとっては六マルクで、資本家はそのうち三マルクを賃金として労働者に支払い、三マルクを自分のポケットにねじこむ。してみると、労働は一つの価値でなく二つの価値を、おまけにひどくちがった価値を、もっていることになる！

貨幣に表現された価値を労働時間に還元してみると、この矛盾は、いっそうばかげたものになる。一二時間の労働で六マルクの新しい

>>**マルク**……ドイツの貨幣単位。くわしくは、五八ページの「マルク」をみよ。

>>**貨幣に表現された価値**……商品の価格のこと。六マルクとか六〇〇〇円というように貨幣の一定量で示される。

価値がつくりだされる。だから六時間では三マルクとなるが、これは、労働者が一二時間の労働とひきかえに受けとる額である。労働者は、一二時間の労働とひきかえに、ひとしい対価として、六時間の労働の生産物を受けとる。そこで、労働は二つの価値をもっていて、その一方が他方の二倍の大きさであるのか、それとも一二は六とひとしいのか、どちらかである！　どちらの場合にも、まったくばかげたことになる。

どんなにもがきまわっても、われわれが労働の売買や労働の価値を論じているあいだは、われわれはこの矛盾から脱けだせない。そして、経済学者たちにしてもそうであった。古典経済学の最後の分枝であるリカード学派は、おもに、この解決不能な矛盾につきあたって破綻《はたん》した。古典経済学は袋小路にはいりこんでしまった。この袋小路から脱けだす道をみいだした人こそ、カール・マルクスであった。

経済学者たちが「労働」の生産費だと考えたものは、労働の生産費ではなくて、生きた労働者そのものの生産費であった。そして、

≫**古典経済学**……前出。三七ページ。

≫**リカード学派**……一九世紀前半のイギリスで、リカードの学説を引き継ぎ、普及した経済学派で、J・ミル、マカロック、ド・クインシなどのリカード擁護派と、トレンズ、シーニア、ベーリ、ウェイクフィールドなどのリカード批判派との二派に分かれる。リカードの死後、労資の利害の対立と階級闘争が激化していくなかで、いずれの派もリカードの経済学を後退させ、修正し、俗流化していくこととなった。

≫**古典経済学のはいりこんだ袋小路**……古典経済学は、賃金を「労働の価値」ととらえたために、労働者が新たに生産した価値はすべて賃金の支払いにあてられるということとなり、労働価値説にもとづくかぎり剰余価値＝利潤の発生を説明することができないという「袋小路」にはいりこんでしまった。マルクスは、このことを、「リカード学派のつまずきの石」といっている。

≫**マルクス**……前出。三四ページ。

≫**生産費**……前出。四〇ページ。

この労働者が資本家に売ったものは、彼の労働ではなかったのだ。マルクスは言っている。「労働者の労働が実際にはじまるときには、この労働はもうこの労働者のものではなくなっている。したがって、もはや彼がそれを売ることはできない」。だから、彼にやれることは、せいぜい彼の将来の労働を売ること、すなわち、一定時間、一定の作業を遂行するという義務をひきうけることだけであろう。だが、そうしても、彼は労働を売るわけではなく（なぜなら、労働はこれからはじめてなされなければならないはずだから）、一定の支払いとひきかえに、一定時間をかぎって（日払い賃金の場合）、または一定の作業を遂行する目的で（出来高払い賃金の場合）、彼の労働力を資本家の自由な処分にゆだねるのである。つまり、彼は、彼の労働力を賃貸または販売するのである。しかし、この労働力は彼の身体と癒着《ゆちやく》していて、この身体から切りはなすことはできない。したがって、労働力の生産費は労働者の生産費と一致する。経済学者たちが労働の生産費と名づけたものは、ほかならぬ労働者の生産費のことであり、したがって労働力の生産費のことである。こうして、わ

>>「**労働者の労働が……売ることはできない**」……『資本論』第一巻第一七章からの引用。

>>**日払い賃金**……時間賃金ともいう。賃金の基本的な形態。一日分の労働力の価値または価格である賃金を一日の標準的な労働時間数で割って「一時間あたりの支払いの単価」を定め、労働した時間数におうじて賃金を支払う。時間給、日給、週給、月給などの種類がある。時間賃金のもとでは、労働時間が延長されたり、労働の強度が増大したりする場合には、資本家は時間賃金の支払いの単価を切り下げることができるので、それによって搾取を強めることができる。

>>**出来高払い賃金**……個数賃金ともいう。時間賃金の転化形態であり、時間賃金とともに賃金の基本的な形態である。一日分の労働力の価値または価格である賃金を一日の標準的な出来高（生産した生産物の数）で割って「一個あたりの支払いの単価」を定め、賃金を生産物量または作業量におうじて支払う。出来高払い賃金のもとでは、労働者は手取りの賃金を増やすためにみずから労働の強度を増大させる傾向におちいる。その結果、全体として労働の強度が増大すると、資本家は出来高賃金の支払いの単価を切り下げることができるので、それによって搾取を強めることができる。

れわれは、労働力の生産費からまた労働力の価値に立ちかえって、マルクスが労働力の売買にかんする節でやったように（『資本論』、第一巻第四章第三節）、一定の質の労働力の生産に要する社会的必要労働の分量を決定することができるのである。

さて、労働者が資本家に彼の労働力を売ったあとで、すなわち、あらかじめ約定された賃金――日払い賃金または出来高払い賃金――とひきかえに彼の労働力を資本家の自由な処分にゆだねたあとで、なにがおこるか？　資本家はこの労働者を彼の作業場または工場へつれていくが、そこにはすでに作業に必要ないっさいのもの、原料、補助材料（石炭、染料等）、道具、機械が存在している。ここで労働者は汗水ながしてはたらきはじめる。彼の一日の賃金は、まえどおり三マルクだとしよう。――そのさい、彼がそれを日払い賃金のかたちでかせぐか出来高払い賃金のかたちでかせぐかは、どうでもよいことである。ここでもまた、労働者は一二時間のあいだに彼の労働によって使いはたされた原料に六マルクの新しい価値をつけくわえるものと仮定しよう。この新しい価値を資本家は完成品の

>>**社会的必要労働の分量**……社会的に必要な労働時間のこと。マルクスは、『資本論』第一巻第一章第一節において、「社会的に必要な労働時間とは、現存の社会的・標準的な生産諸条件と、労働の熟練および強度の社会的平均度とをもって、なんらかの使用価値を生産するのに必要な労働時間である」と述べている。商品の価値量は、その商品を生産するのに「社会的に必要な労働時間」によって決定される。

>>**原料**……前出。四一ページ。

>>**補助材料**……原料のなかでも、生産物の主要な実体をなさないが、その形成には役にたつ材料。たとえば、蒸気機関で消費される石炭、織物業で消費される染料など。

>>**機械**……一〇二ページの「機械」をみよ。

>>**マルク**……ドイツの貨幣単位。くわしくは、五八ページの「マルク」をみよ。

販売によって実現する。資本家は、このうちから労働者にその取り分の三マルクを支払うが、残りの三マルクは自分でとってしまう。ところで、労働者が一二時間のうちに六マルクの価値をつくりだすとすれば、六時間では三マルクの価値をつくりだす。だから彼は、資本家のために六時間はたらいたなら、賃金として受けとった三マルクの対価はすでに資本家につぐなったことになる。六時間はたらいたあとでは、両者は五分五分で、たがいに一文の貸し借りもない。「ちょっとまってくれ!」と今度は資本家がさけぶ。「わたしは労働者をまる一日、一二時間だけやとったのだ。ところが、六時間では半日にしかならない。だから、あとの六時間がすむまでつづいてせっせとはたらくのだ。――そうしてはじめてわれわれは五分五分になるのだ!」そして実際、労働者は、彼が「自由意志で」むすんだ契約、六労働時間を要する労働生産物とひきかえにまる一二時間はたらく義務を彼に負わせている契約に、したがわなければならないのである。

出来高払い賃金でも、まったく同じことである。わが労働者は一

>>出来高払い賃金……前出。四六ページ。

二時間に一二個の商品をつくるものと仮定しよう。それぞれの商品が、原料と磨損分とで二マルクかかり、そして二マルク半で売られるとする。そうすると、ほかの条件がまえどおりだとすれば、資本家は労働者に一個あたり二五ペニヒをあたえることになろう。一二個では三マルクになり、労働者がそれをかせぐには一二時間が必要である。資本家はこの一二個とひきかえに三〇マルク受けとる。原料と磨損分とのための二四マルクをさしひくと六マルクのこるが、そのうちから彼は三マルクの賃金を支払い、三マルクをポケットにいれる。まえとまったく同じである。この場合にも労働者は、六時間は自分のために、すなわち彼の賃金を補填《ほてん》するために（一二時間の各一時間ごとに半時間ずつ）はたらき、六時間は資本家のためにはたらく。

　彼らが「労働」の価値から出発したかぎりで、最良の経済学者たちをさえゆきづまらせた困難は、われわれが「労働」の価値のかわりに「労働力」の価値から出発するやいなや、消えてなくなる。労働力は、われわれの今日の資本主義社会では商品であり、商品だと

＞＞**原料と磨損分**……前出。四一、四二ページ。

＞＞**最良の経済学者たち**……リカードとその継承者たちのこと。

リカード

＞＞**労働と労働力**（の区別と関連）……前出。三六ページ。

いう点ではほかのどの商品とも変わりはないが、しかし、まったく特殊な商品である。すなわち、それは、価値を創造する力であり、価値の源泉であり、しかも適当にとりあつかえばそれ自身がもっている価値より大きな価値の源泉であるという、特別の性質をもっている。今日の生産の状態のもとでは、人間の労働力は、一日のうちに、それ自身がもっている価値、それ自身にかかる価値よりも大きな価値を生産するだけではない。新しい科学的発見がなされるたびに、新しい技術的発明がなされるたびに、労働力の一日分の費用をこえての労働力の一日の生産物のこの剰余《じょうよ》はふえてゆき、したがって労働日のうち、労働者がその労働によって彼の一日の賃金の補填分をつくりだす部分がみじかくなり、したがって、他方では、労働日のうち、彼が代価の支払いをうけることなしに資本家に自分の労働を贈与しなければならない部分が長くなる。

そして、労働者階級だけがいっさいの価値を生産するということ、これが、われわれの今日の全社会の経済制度である。というのは、価値とは、労働をべつの言葉でいいあらわしたものにすぎず、われ

▽▽**一日の賃金の補填分をつくりだす部分**……労働日のうちのこの部分を、マルクスは「必要労働時間」とよんだ。労働者は、「必要労働時間」に自分の労働力の価値と等しい価値をつくりだす。

▽▽**代価の支払いをうけることなしに資本家に自分の労働を贈与しなければならない部分**……労働日のうちのこの部分を、マルクスは「剰余労働時間」とよんだ。労働者は「剰余労働時間」に剰余価値（利潤の本体）をつくりだす。

われの今日の資本主義社会で、一定の商品のうちにふくまれている社会的必要労働の分量を示すのにもちいられる表現にすぎないからである。しかし、労働者が生産したこれらの価値は、労働者のものではない。それらは、原料や機械や道具の、さらに労働者階級の労働力を買う可能性をその所有者にあたえる前払い手段の所有者のものである。だから、労働者階級は、自分のつくりだした生産物の全量のうちから、一部分をかえしてもらうだけである。そして、残りの部分は資本家階級が自分の分としてとってしまい、せいぜいなお地主階級とわけるだけであるが、われわれがたったいまみたように、この部分は、新しい発明や発見がなされるたびに大きくなってゆくのに、労働者階級の取り分は、（頭わりで計算すると）ごくゆっくりと、わずかばかりふえるだけであるか、あるいはぜんぜんふえず、場合によっては減少さえしかねないのである。

だが、ますます急速につぎつぎにとってかわるこれらの発明や発見、前代未聞の程度で日々にたかまってゆく人間労働のこの生産性は、ついには一つの衝突をうみだす。そして、この衝突のなかで、

▽▽**社会的必要労働の分量**……前出。四七ページ。

▽▽**原料や機械**……前出。四一ページ。

▽▽**労働者階級、資本家階級、地主階級**……この三つの階級が資本主義的生産様式を形成している資本主義社会の三つの基本的階級である。ただし、ここにいう「地主階級」とは、封建的な地主の階級ではなく、借地農業資本家に土地を貸している近代的な地主の階級のことである。現実の資本主義社会には、この三つの基本的階級のほかに、自分で小規模な生産手段を所有し、それを自分の労働力とむすびつけて商品を生産する、自営農民・自営業主などの小商品生産者の階級が存在しているが、彼らは資本主義の発展過程で没落していく傾向をもった存在である。

今日の資本主義経済は没落せざるをえないのである。一方には、はかりしれない富と、購買者につかいこなせないありあまった生産物がある。他方では、社会の膨大な大衆はプロレタリア化し、賃金労働者にかえられ、まさにその結果として、このありあまった生産物を手にいれる能力をもたない。少数の、法外に富んだ階級と、多数の、無産の賃金労働者の階級とへ社会が分裂している結果、この社会はそれ自身のありあまった生産物のなかで窒息しているのに、この社会の大多数の成員は、ほとんどあるいはまったく保護されずに極度の欠乏にゆだねられている。この状態は日ましにいよいよ不合理になり、そして無用なものとなる。このような状態はとりのぞかなければならないし、またとりのぞくことができる。一つの新しい社会制度が可能である。それは、今日の階級差別が消えうせ、そして——おそらく、いくらか不足がちな、だがいずれにせよ道徳的にきわめて有益な、短い過渡期を経て——既存の巨大な生産力を計画的に利用しさらに発展させることによって、すべての社会成員が、平等の労働義務を負うとともに、生活のため、生活享受《きょうじゅ》のため、

▽▽**社会の膨大な大衆**……労働者階級、資本家階級、地主階級という資本主義社会の三つの基本的階級には属さない人々。主として、自営農民、自営業主、零細経営の商人など。

▽▽**一つの新しい社会制度**……社会主義（共産主義）の社会制度をさす。

肉体的・精神的能力を発達させ発揮するための手段を平等に、ますますゆたかに利用できるような、そういう社会制度である。そして、労働者がこういう新しい社会制度をたたかいとる決意をますますかためていることは、大洋の両側において、明五月一日と五月三日の日曜日とが証明するであろう。

ロンドン　一八九一年四月三〇日
フリードリヒ・エンゲルス

>>**明五月一日と五月三日の日曜日**……一八八六年五月一日、アメリカ合衆国で、八時間労働日の制定を求める労働者のゼネラル・ストライキが始まった。ストライキは、ニューヨーク、シカゴ、フィラデルフィアなどの主要な工業都市にひろがり、数日におよんだ。その結果、約二〇万人の労働者が労働日の短縮をかちとった。しかし、五月四日に、シカゴで警官隊のなかに爆弾が投げこまれたことを口実にして、警察は武力をもって労働者を襲撃し、数百人を逮捕し、翌年にはシカゴの労働運動の指導者四名が処刑された。この弾圧により、闘争の成果は数年間のうちに失われることとなった。一八八九年七月、エンゲルスが指導した第二インタナショナルの創立大会において、アメリカの労働者が血を流してたたかったゼネストを記念して、毎年五月一日を八時間労働日の制定などを要求する国際労働運動のデモンストレーションの日とすることが決議された。これが、メーデーの起源である。一八九〇年にはじまったメーデーは、ほとんどの国では五月一日におこなわれたが、イギリス、ドイツなどでは五月の第一日曜日（一八九一年には五月三日）におこなわれた。

>>**エンゲルス**……Engels, Friedrich（1820–95）。マルクスの盟友。マルクスとともに科学的社会主義の理論の創始者。本書の「解説」を参照。

われわれは、現在の階級闘争や民族闘争の物質的基礎をなしている経済的諸関係をこれまで説明しなかったといって、いろいろな方面から非難をうけた。われわれは、意図的に、これらの経済的関係が政治的衝突のうちに直接にはいりこんでくる場合にかぎって、それにふれるようにしてきたのであった。

なによりも必要だったのは、時事の歴史のなかで階級闘争をあとづけ、既存の歴史的材料や、日々に新たにつくりだされる歴史的材料にもとづいて、つぎのことを経験的に証明することであった。それは、二月と三月の革命をおこなった労働者階級が圧服されるとともに、彼らの敵——フランスではブルジョア共和主義者、ヨーロッパ大陸全体としては封建的絶対主義とたたかっていた市民階級と農民階級——も同時に撃破されたのだということ、フランスにおける「律儀《りちぎ》な共和制」の勝利は、同時に、英雄的な独立戦争によって二月革命に呼応した諸国民の没落であったということ、最後に、革命

▽▽**二月革命**……一八四八年二月末、パリの労働者と学生への武力弾圧に対抗して、民衆は武装蜂起し、金融ブルジョアジーが支配していた王制を打倒した。その結果、革命を指導した産業ブルジョアジーが権力を握った。

▽▽**三月革命**……一八四八年三月半ば、ヴィーンとベルリンで労働者と市民が蜂起した。蜂起と農民の暴動はドイツ連邦の中小諸邦にも波及し、さらに民族的抑圧下にあったハンガリー人、チェック人、イタリア人、ポーランド人の独立闘争へと発展した。オーストリア皇帝は、労働者・学生からなる市民防衛軍にヴィーンの支配をゆだねた。プロイセンでも、国王が軍隊を撤去したあとベルリンは市民防衛軍が守備し、三月末には自由主義的内閣が成立した。五月には、統一ドイツの憲法制定のためのドイツ連邦国民議会が招集され、ドイツでもブルジョアジーが政権を担った。

▽▽**「律儀な共和制」**……一八四八年六月におけるパリの労働者階級の敗北によって成立したブルジョア共和制のことで、プロレタリアートが闘いとろうとしていた「社会共和制」に対立するもの。

▽▽**イギリス的＝ロシア的な奴隷制**……イギリス的奴隷制とは、資本主義の発展がめざましかったイギリスによって代表される資本主義的な「賃金奴隷制度」のことであり、ロシア的奴隷制とは、資本主義の発展がおくれていたロシアによって代表される封建的な「農奴制度」のこと。二月革命と三月革命の敗北によって、ヨーロッパの民衆は、資本主義的な「賃金奴隷制度」と封建的な「農奴

的労働者が撃破されるとともに、ヨーロッパはその昔ながらの二重の奴隷制に、すなわちイギリス的＝ロシア的な奴隷制に逆もどりしたということである。パリの六月闘争、ヴィーンの没落、一八四八年一一月のベルリンの悲喜劇、ポーランド、イタリア、ハンガリーの必死の奮闘、アイルランドの飢餓《きが》攻めによる屈服――これらは、ヨーロッパにおけるブルジョアジーと労働者階級の階級闘争が集約された主要な諸契機であって、われわれはこれらにもとづいてつぎのことを証明した。それは、どんな革命的反乱も、その目標がどんなに階級闘争からかけはなれているようにみえようと、革命的労働者階級が勝利するまでは失敗せざるをえないということ、どんな社会改良も、プロレタリア革命と封建的反革命とが一つの世界戦争で勝敗を決するまでは、空想にとどまるということである。われわれの叙述では、また現実においてもそうなのだが、ベルギーとスイスは、一方はブルジョア的君主制の模範国として、他方はブルジョア的共和制の模範国として、大歴史画中の悲喜劇的な漫画ふうの風俗画であった。どちらの国も、自分は階級闘争にもヨーロッパ革命に

制度」とが結合した「昔ながらの二重の奴隷制」に逆もどりした。

≫**パリの六月闘争**……二月革命によって成立した共和政府は、労働者の社会改革の要求におされて、失業対策的な「国立作業所」を開設したが、一八四八年六月にはこれを強行的に解散した。この挑発行動に乗って、パリの労働者はふたたび武装蜂起したが、四日間の戦闘ののちに鎮圧された。この事件は、労働者階級が資本家階級と歴史上はじめて真正面から衝突した事件であり、その後のヨーロッパの反革命の狼火となった。

≫**ヴィーンの没落**……パリの六月闘争の敗北は、ドイツの反動勢力を激励し、復活させた。他方、労働者階級の急速な成長と革命化に恐れをいだいたドイツのブルジョアジーは、反動勢力との妥協をはかり革命を裏切りはじめた。そこで、オーストリア皇帝は、一八四八年一〇月に、ハンガリーへの鎮圧軍出動に反対する暴動がヴィーンでおこると、市民防衛軍が守備していたヴィーンを六万の軍隊で包囲し、一一月のはじめにヴィーンは陥落した。

≫**ベルリンの悲喜劇**……「ヴィーンの没落」の報に接したプロイセン国王は、ただちに内閣を罷免し、王の軍団総師令に組閣を命じた。プロイセン議会は新内閣不信任と納税拒否を決議し、ベルリンの市民防衛軍も武力抵抗を決議して対抗したが、市民防衛軍は武装解除され、議会も解散させられた。こうして、一八四八年一一月、ベルリンでも反革命が勝利した。

も同じようにかかわりがない、と思いこんでいるのである。

わが読者諸君は、一八四八年に階級闘争が巨大な政治的形態をとって発展するのをみてきたあとで、いまや、ブルジョアジーの存在と彼らの階級支配との基礎をなし、同様にまた労働者の奴隷状態の基礎ともなっている経済的諸関係そのものを、くわしく考究すべきときである。

われわれはつぎの三つの大きな部分にわけて説明することにする。⑴賃労働の資本にたいする関係、労働者の奴隷状態、資本家の支配。⑵今日の制度のもとでは、中間市民階級といわゆる農民身分の没落が避けられないこと。⑶世界市場の専制的支配者であるイギリスが、ヨーロッパのさまざまな国のブルジョア階級を商業的に隷属させ搾取していること。

われわれはできるだけ簡単に、わかりやすく説明するようにつとめ、読者は経済学のごく初歩的な概念ももちあわせないものと前提しよう。われわれは、労働者にわかってもらいたいのである。それに、ドイツでは、官許の現状弁護論者から、社会主義的な魔術師や

>>**アイルランドの飢餓攻め**（前ページ）……九一ページの「一八四七年冬の凶作」をみよ。

>>**ブルジョアジー**……資本家階級のこと。

>>**中間市民階級**……資本主義社会の二大階級である労働者階級と資本家階級との中間に存在する階級という意味で、主として、小規模な生産手段を所有し、それを自分と家族の労働力とむすびあわせて商品を生産している小商品生産者の階級をさす。

>>**商業的に隷属させ搾取する**……ここでは、はやくから世界市場を制覇したイギリスが、自国の政治的・経済的支配力にもとづいた外国貿易をとおして、ヨーロッパの他の国のブルジョア階級と国民を従属させ、搾取していることをさす。

うずもれた政治的天才——細分されたドイツでは、こういった連中は君主の数よりまだ多いのだが——にいたるまで、ごく簡単な経済的諸関係についてさえ奇妙きわまる無知や概念の混乱がみなぎっているのである。

1

そこで、まず第一の問題にとりかかろう。

賃金とはなにか？　それはどのようにして決定されるか？

もし労働者に、きみの賃金はいくらか？　とたずねるなら、あるものは、「私は私のブルジョアから一労働日につき一マルクもらっている」とこたえ、また他のものは、「私は二マルクもらっている」などとこたえるであろう。彼らは、その所属する労働部門が異なるのにしたがって、一定の作業をはたしたことにたいし、たとえば一

>>**細分されたドイツ**……ナポレオン戦争後のウィーン会議（一八一五年）で生まれたドイツ連邦は、オーストリア帝国を筆頭に、プロイセンなど五王国、ヘッセン選帝侯国、以下大公国七、公国一〇、候国一〇、自由都市四、の合計三八の主権国からなる君主たちの政治的統一体であった（一八一七年には合計三九ヵ国となる）。構成国は、相互の領土の保障、相互間の戦争の禁止、連邦と他国との戦争のさいの協力、以外にはなんら主権を制限されなかった。

>>**賃金**（という用語）……わが国では、江戸時代には、雇い人の雇用料である労賃の支払いにもちいられる金銭種類が銀または銅であったので、労賃は「労銀」または「賃銀」といわれた。明治から銀本位制度になり、工場労働者の労賃も労銀・賃銀といわれてきた。一八九七年の金本位制度の制定の前後からは、法律上は「賃金」と表記したが、それを過去の慣習から「ちんぎん」と読むようになり、簡略で便利であるので、次第にそれが一般化した。本書では、ドイツ語のArbeitslohnの訳語であるので、「労働賃銀」と訳すのが正確であろうが、すでに広くもちいられている用語にしたがい、「賃金」と訳されている。

エレのリンネルを織ったり、一ボーゲンの植字をしたことにたいして、彼らがそのときどきのブルジョアからうけとるいろいろちがった貨幣額をあげるであろう。彼らのあげる額がいろいろであるにもかかわらず、つぎの点では彼らはみな一致するであろう。それは、賃金とは、一定の労働時間、または一定の労働の提供にたいして資本家が支払う貨幣額のことだ、という点である。

そこで、資本家は貨幣をもって労働者の労働を買い、労働者は貨幣とひきかえに自分たちの労働を資本家に売るようにみえる。しかし、これはそうみえるだけである。労働者が実際に貨幣とひきかえに資本家に売るのは、彼らの労働力である。この労働力を資本家は、一日、一週間、一ヵ月等々をかぎって買う。そして資本家は、労働力を買ったあとでは、きめられた期間労働者をはたらかせることによって、それを消費する。資本家は、労働者の労働力を買ったのと同じ貨幣額、たとえば二マルクで、二ポンドの砂糖でも、ほかのなにかの商品の一定量でも、買おうと思えば買えたであろう。彼が二ポンドの砂糖を買った二マルクは、二ポンドの砂糖の価格である。

>>**マルク**……この箇所をはじめとする価格の表記は、『新ライン新聞』のマルクスの論説では「フラン（フランスの貨幣単位）」であったが、エンゲルスは、本書一八九一年版では「マルク（ドイツの貨幣単位）」に改めた。その事情は、つぎのとおりである。一八七〇年の普仏戦争でプロイセンが勝利した結果、翌七一年には「細分されたドイツ」は統一され、ドイツ帝国が成立した。それとともに、単一の国内市場の形成にあわせて、それまでの不統一であった貨幣制度も統一された。ドイツ帝国は、一八七三年、フランスからの賠償金五〇億フランをもとにして金本位制度を制定し、新しい貨幣単位をマルクとした。この金本位制度の制定とマルクの発行は、イギリスに続いて国際的金本位制を普及し、確立させる原動力となった。

>>**エレ**……ヨーロッパの昔の長さの単位。場所によって長さは不定。ドイツでは、約八〇センチメートルであった。

>>**リンネル**……亜麻（あま）糸で織った布地の総称。薄地で目の密なものは、洋服地、ワイシャツ地、敷布地、ハンカチーフ地などとして使用され、厚地のものは、天幕、ホース、亜麻袋、画布などをつくるのにもちいられる。

>>**ボーゲン**……全紙大の印刷用紙。書物の判型によって、三二、一六、八、四ページ分となる。

彼が一二時間分の労働力の使用を買った二マルクは、一二時間の労働の価格である。だから、労働力は砂糖とまったく同じに一つの商品である。前者は時計で計られ、後者は秤《はかり》で計られる。

労働者は、彼らの商品すなわち労働力を、資本家の商品すなわち貨幣と交換する。しかも、この交換は一定の比率でおこなわれる。これこれの時間労働力を使用するのにたいしてこれこれの貨幣額を支払う、一二時間の機《はた》織《お》りにたいして二マルクを支払うというふうにである。ところでこの二マルクだが、これは、二マルクで買うことのできる他のあらゆる商品を代表してはいないだろうか？　だから、労働者は、実際上、彼の商品すなわち労働力を、あらゆる種類の商品と、しかも一定の比率で交換したことになる。資本家は、労働者に二マルクあたえることによって、労働者に彼の一日の労働と交換になにほどかの肉、なにほどかの衣服、なにほどかの薪《まき》、灯火等々をあたえたのである。だから、この二マルクは、労働力が他の諸商品と交換される比率、すなわち彼の労働力の交換価値を、あらわしている。貨幣で評価されたある商品の交換価値こそ、その商品

▽▽**労働と労働力**（の区別と関連）……前出。三六ページ。

▽▽**交換価値**……商品の価値は、その商品に対象化された抽象的人間労働であり、その大きさは、その商品の生産に社会的に必要な労働時間によって決定される。しかし、商品の価値量は、それ自体としては表現されず、直接に測定することはできない。商品の価値量は、市場で他の商品と「価値として等しい」とされることにより、他の商品の（使用価値としての）一定量で（交換価値として）示される。たとえば、市場で一着の上着が二〇キログラムの米と「価値として等しい」とされ、交換されるばあいには、一着の上着の交換価値は二〇キログラムの米である。このように、交換価値は、商品の価値の現象形態であり、たんてきにいえば諸商品の交換比率のことである。古典経済学は、交換価値を価値そのものと理解していたが、マルクスは、交換価値および価格が価値の現象形態であることを明らかにした。

▽▽**貨幣と価格**……商品の生産と交換が発展するなかで、他のすべての商品の価値を表現する役目をもった一つの商品（一般的等価物）が現れる。そうして最後には金という商品がその役目を果たすようになった。その金が貨幣である。貨幣が出現すると、すべての商品の価値は、貨幣である金の一定量で、すなわち価格として示されることとなった。

にすぎないのである。

の価格とよばれる。だから、賃金は、労働力の価格——ふつう労働の価格とよばれている——にたいする、人間の血肉以外にはやどるべき場所をもたないこの独特の商品の価格にたいする特別の名まえにすぎないのである。

だれでもよい、一人の労働者、たとえば一人の織布工をとってみよう。資本家は彼に織機と糸を供給する。織布工は仕事にかかり、糸はリンネルになる。資本家はリンネルを自分のものにし、それをたとえば二〇マルクで売る。さて、織布工の賃金は、リンネルにたいする、二〇マルクにたいする、彼の労働の生産物にたいする、分けまえであろうか？　けっしてそうではない。リンネルが売られるよりもずっとまえに、おそらくはそれが織りあげられるよりもずっとまえに、織布工は彼の賃金を受けとりずみである。だから、資本家はこの賃金を、リンネルを売って手にいれる貨幣で支払うのではなく、手持の貨幣で支払うのである。織布工がブルジョアから供給をうけた織機や糸がこの織布工の生産物でないように、織布工が彼の商品すなわち労働力と交換に受けとる諸商品も、彼の生産物では

>>**リンネル**……前出。五八ページ。
>>**マルク**……前出。五八ページ。

ない。ブルジョアが彼のリンネルの買手を一人もみつけられないということだって、ありうることだった。それを売ってもブルジョアが賃金さえ回収できないということだって、ありうることだった。ブルジョアがそのリンネルを織賃にくらべてうんと有利に売ることだって、ありうるのである。しかし、そうしたことはみな織布工にはなんの関係もない。資本家は、彼の手持の財産、彼の資本の一部をもって織布工の労働力を買うのであって、それは、資本家が彼の財産の他の一部をもって原料——糸——や労働用具——織機——を買い入れたのとまったく同じである。これらの買い入れをしたのちは、そしてこれらの買入品のなかにはリンネルの生産に必要な労働力もはいっているのであるが、彼はもっぱら自分のもちものである原料と労働用具を使って生産するのである。ところで、わが織布工君も、もちろん労働用具のなかにはいるのであって、彼が生産物または生産物の価格の分けまえにあずからないことは、織機がそれにあずからないのと同様である。

だから、賃金は、自分の生産した商品にたいする労働者の分けま

>>原料……前出。四一ページ。

えではない。賃金は、資本家が一定量の生産的労働力を買いとるのにもちいる既存の商品の部分である。

だから、労働力は、その所有者である賃金労働者が資本に売る一つの商品である。なぜ彼はそれを売るのか？　生きるためである。

しかし、労働力の発揮、すなわち労働は、労働者自身の生命活動であり、彼自身の生命の発現である。そして、この生命活動を、彼は、必要な生活資料を手にいれるために、他の人間に売るのである。だから、彼の生命活動は、彼にとっては、生存できるための手段にすぎないのである。彼は生きるためにはたらく。彼は労働を彼の生活の一部とさえみなさない。労働はむしろ彼の生活を犠牲にすることである。それは、彼が他の人間に売りわたした一つの商品である。したがって、彼の活動の生産物も、彼の活動の目的ではない。彼が自分自身のために生産するものは、彼の織る絹布でもなく、彼が鉱坑から掘りだす金《きん》でもなく、彼のたてる邸宅でもない。彼が自分自身のために生産するものは、賃金である。そして、絹布や金や邸宅は、彼にとっては、一定量の生活資料に、おそらくは一枚の木綿の

>>**賃金は自分の生産した商品にたいする労働者の分けまえではない**（ことについて）……「賃金は労働者が生産した商品の分けまえではない」からこそ、労働者は、賃金を上げるためには、資本家にたいして（労働組合を結成するなどして）賃上げ闘争をおこなわなくてはならないのである。しかし、資本家とその御用学者は、労働者の賃上げ闘争に水をかけるために、「賃金は生産された生産物の分けまえであり、したがって、労働者は、賃金を上げるためには、まずもって（資本家と協力して）より多くの生産物を生産しなくてはならない」といった「お説教」をくりかえしてきた。賃金という「パイの分けまえ」を大きくするのには、まず国民生産物という「パイ」を大きくしなくてはならないという「パイの理論」、賃金は（資本家の「生産性向上運動」に協力して）労働の生産力を高めた度合いにおうじて決定されるという「生産性賃金論」、などがそれである。

>>**生活資料**……前出。四一ページ。

上着、幾枚かの銅貨、地下室の住居に、なりかわってしまう。そして、一二時間のあいだ織ったり、つむいだり、穴をあけたり、挽《ひ》いたり、たてたり、シャベルですくったり、石をわったり、はこんだりなどする労働者——この労働者は、この一二時間の機織《はたお》り、紡績、穴あけ、挽き加工、建築、シャベル仕事、石割り——を、彼の生命の発現と、生活と、みとめているであろうか？　その逆である。生活は、彼にとっては、この活動のやむところで、食卓で、居酒屋の腰掛で、寝床で、はじまるのである。これに反して、一二時間の労働は、彼にとっては、機織り、紡績、穴あけ等としてはなんの意味ももたず、彼を食卓につかせ、居酒屋の腰掛にかけさせ、寝床に横にならせるかせぎとして、意味をもっているのである。もし蚕《かいこ》が幼虫としてのその生命をつないでいくためにつむぐのであったら、それは、一個の完全な賃金労働者であったろう。労働力はいつでも商品であったわけではない。労働はいつでも賃労働、すなわち自由な労働であったわけではない。奴隷は彼の労働力を奴隷所有者に売りはしない。それは、牛が自分の働きを農民に売らないのと同じであ

▽▽**居酒屋の腰掛**（についてのエピソード）……一九世紀半ばに実在したパリの出稼ぎ石工マルタン・ナドの『回想録』には、しばしば居酒屋が登場するという。当時の労働者は、居酒屋とは切っても切れない深い関係があったようだ。ナドが失業したとき稼ぎ口をさがすのも、この居酒屋での仲間をつうじてであった。先輩から仕事上また生活上の忠告を聞くのもこの居酒屋であり、貧民宿界隈の喧嘩騒ぎに熱中するナドが、先輩の石工の親身になった助言を受けいれて、貧民宿の生活から足を洗って夜学にかよう決心をしたのも、彼の住んでいた貧民宿のとなりの、いつもの居酒屋であった。またストライキの指導部が結成されるのも居酒屋であって、一八四〇年のパリで、さまざまな職種のストライキの波がひろがっていったとき、ナドらを中心とする石工たちのストライキ指導部がつくられたのも居酒屋であった（喜安朗『パリの聖月曜日』、平凡社、より）。（以上は、「大月センチュリーズ」版の注解より全文を引用。）

▽▽**賃労働すなわち自由な労働**……一定の貨幣（雇用料）を支払われて雇い入れられ、雇い主のもとでおこなう労働を、賃労働という。労働者が賃労働に従事できるのは、労働者が奴隷や農奴とちがって「人格的に自由」であり、自分の労働力を商品として雇い主に売ることができるからである。したがって賃労働は「自由な労働」である。

る。奴隷は、彼の労働力もろとも、生涯にわたって彼の所有者に売られたのである。彼は、一人の所有者の手から他の所有者の手に移転することのできる商品である。彼自身が商品なのであって、労働力が彼の商品なのではない。農奴は、彼の労働力の一部だけを売る。彼が土地所有者から賃金を受けとるのではなく、むしろ土地所有者が彼から貢物《みつぎもの》を受けとるのである。

農奴は土地に付属し、土地の持主のために収益をうみだす。自由な労働者は、これに反して、自分自身を売る、しかも切売りする。彼は、日ごとに、彼の生活の八時間、一〇時間、一二時間、一五時間を、いちばん高い値をつける人に、原料、労働用具、生活資料の所有者すなわち資本家に、せり売りする。労働者はある所有者のもちものでも土地に付属するものでもないが、彼の毎日の生活の八時間、一〇時間、一二時間、一五時間は、それを買う人のものである。労働者は、そうしたいときにはすぐさまそのやとわれている資本家のところを去るし、資本家も、労働者からもうなんの利益もひきだせないか、または予想した利益をひきだせなくなるやいなや、そう

▽▽**土地に付属**……農奴（封建的農民）は領主（封建的地主）の土地に居住し、それを耕作することを強制されていて、領主の土地から移住する自由をもたなかった。それゆえ、農奴は「土地の付属物」とみなされた。

▽▽**自由な労働者**……「自由な労働者」とは、ここではまず「人格的に自由」で、したがって自分の労働力を「所有」している労働者という意味である。労働者は自分の商品の売手としてその買手である資本家と形式的には「平等」な関係にあり、その点で、身分関係にしばられていた奴隷や農奴とはちがう。しかし、「自由な労働者」とは、工場や機械や原料などの「生産手段および生活資料から自由」である（きりはなされている）というもう一つの意味を含んでいる。その結果、労働者は自分の労働力をどこかの資本家に切売りしなくては生きていけず、資本家階級に「目にみえない糸」でつながれている。そういう意味で、「労働者はあれこれの資本家のもちものではないが、資本家階級のもちものである」。それゆえ、マルクスは、『資本論』では、賃金労働者を「二重の意味で自由な労働者」とよんだ。

▽▽**原料**……前出。四一ページ。

▽▽**生活資料**……前出。四一ページ。

するのがよいと思えばすぐさま労働者を解雇する。しかし、労働力の販売を唯一の生計の源泉とする労働者は、生きることを断念しないかぎり、買手の階級全体すなわち資本家階級をすてさることはできない。彼は、あれこれの資本家のもちものではないが、資本家階級のもちものである。そのうえ、自分を売りつけること、すなわち、この資本家階級のなかに一人の買手をみつけることは、彼が自分でやらなければならない仕事なのである。

さて、資本と賃労働の関係をいっそうくわしくしらべるまえに、われわれは、賃金の決定のさいに問題となってくる最も一般的な関係を簡単に説明しよう。

賃金は、すでにみたように、労働力という特定の商品の価格である。したがって、賃金も、ほかのあらゆる商品の価格を決定するのと同一の法則によって決定される。

そこで、つぎのことが問題となる。商品の価格はどのようにして決定されるのか？

2

商品の価格はなににによって決定されるか？

買手と売手のあいだの競争によって、需要と供給、欲求と提供の関係によって決定される。商品の価格を決定する競争には、三つの面がある。

同じ商品がいろいろの売手によって提供される。同じ品質の商品をいちばん安く売るものが、まちがいなく、他の売手を打ち負かして、最大の販路を確保する。だから、売手たちはたがいに販路、市場をあらそう。彼らのだれもが売りたいのであり、できるだけたくさん売りたいのであり、できれば他の売手をしめだして自分ひとりで売りたいのである。そこで、ある売手は他の売手よりも安く売る。こうして、売手のあいだに競争がおこり、この競争が彼らの提供す

>>**競争の三つの面**……商品の価格を決定する競争の三つの面とは、(1) 売手のあいだの競争、(2) 買手のあいだの競争、(3) 買手と売手のあいだの競争、をさす。これら三つの面は、並列的な関係にあるのではなく、(1)の面と(2)の面との関係によって(3)の面が規定されるという関係にあることに注意せよ。

>>**販路**……商品の売り先。

る商品の価格をおしさげる。

しかし、買手のあいだにも競争がおこり、この競争が、今度は、提供された商品の価格をひきあげる。

最後に、買手と売手のあいだに競争がおこる。一方はできるだけ安く買おうとし、他方はできるだけ高く売ろうとする。買手と売手のあいだのこの競争の結果は、まえにあげた競争の二つの面がどういう関係にあるかによって、すなわち、買手軍のあいだの競争と売手軍のあいだの競争とのどちらがつよいかによって、きまるであろう。産業はこの二つの軍勢を戦場で対陣させるが、どちらの軍勢も、また仲間うちで、味方の部隊同士でたたかう。味方の部隊の同士打ちがいちばん少ない軍勢が、相手方にたいして勝利をえる。

市場に一〇〇梱《こり》の綿花があり、それと同時に一〇〇〇梱の綿花にたいする買手があるものと仮定しよう。つまり、この場合には、需要は供給の一〇倍である。だから、買手のあいだの競争は非常に激しいであろうし、どの買手も一梱を、できれば一〇〇梱全部を手にいれようとする。この例は、なにもかって気ままな仮定ではない。

>>梱……包装した貨物の個数および数量を表す単位。綿花一梱は、四〇〇ポンド（一八一・四四キログラム）。

商業史上にはいくたびか綿花の凶作期があったが、そういうときには、何人かの資本家があいむすんで、一〇〇梱どころか、世界の綿花の在荷全部を買い占めようとしたものである。だから、いまあげた場合には、ある買手は、綿花の梱にたいして比較的高い値段をつけることで、他の買手たちを打ち負かそうとする。綿花の売手たちは、敵軍の部隊が猛烈な仲間争いをしているのをみており、また自分たちの一〇〇梱全部の売れ口が完全に保証されているので、彼らの敵がたがいにあらそって綿花の価格をつりあげているときに、自分たちが仲間げんかをはじめて綿花の価格をひきさげることのないように、用心するであろう。こうして突然、売手の軍隊内に平和がおとずれる。彼らは、一致結束して買手に応対し、泰然《たいぜん》として腕をこまねいている。そして、もしいちばん熱心な買手のつける値にさえ、きわめてはっきりした限度があるのでなかったら、売手の要求はとどまるところがないであろう。

　だから、ある商品の供給がその商品にたいする需要より少ないときには、売手のあいだにはわずかな競争しかおこらないか、あるい

▽梱……前出。六七ページ。

郵 便 は が き

料金受取人払郵便

本郷支店承認

270

差出有効期間
2009年12月31日
まで

(切手を貼らずに
お出しください)

113-8790

473

(受取人)

東京都文京区本郷 2-11-9

大月書店 行

注文書

裏面に住所・氏名・電話番号を記入の上、このハガキを小社刊行物の注文
に利用ください。指定の書店にすぐにお送りします。指定がない場合はブック
サービスで直送いたします。その場合は書籍代1500円未満は500円、1500
以上は200円の送料を書籍代とともに宅配時にお支払いください。

書 名	ご注文冊数

指定書店名 (地名・支店名などもご記入下さい)	

購読ありがとうございました。今後の出版企画の参考にさせていただきますので、
記アンケートへのご協力をお願いします。

※下の欄の太線で囲まれた部分は必ずご記入くださるようお願いします。

購入された本のタイトル		
リガナ **名前**	**年齢**	**男・女**
話番号（　　　　　）　　　－	**ご職業**	
住所　〒		

どちらで購入されましたか。

市町
村区　　　　　　　　　　書店

ご購入になられたきっかけ、この本をお読みになった感想、また大月書店の出版物に対するご意見・ご要望などをお聞かせください。

どのようなジャンルやテーマに興味をお持ちですか。

よくお読みになる雑誌・新聞などをお教えください。

今後、ご希望の方には、小社の図書目録および随時に新刊案内をお送りします。ご希望の方は、下の□に✓をご記入ください。

□ 大月書店からの出版案内を受け取ることを希望します。

メールマガジン配信希望の方は、大月書店ホームページより登録ください。
(登録・配信は無料です)

ご記入いただいた事項を他の目的で使用することはございません。
なお、このハガキは当社が責任を持って廃棄いたします。ご協力ありがとうございました。

は競争はまったくおこらない。この競争がへるのに比例して、買手のあいだの競争が増大する。その結果、商品価格はかなり大幅にあがる。

だれでも知っているように、これとは反対の結果をともなう反対の場合のほうが、もっとひんぱんにおこっている。つまり、需要にたいして供給がいちじるしく過剰となる。売手のあいだに必死の競争がおこる。買手が不足する。商品は捨て値で投売りされる。

だが、価格があがる、さがるとは、どういうことか、高い価格、低い価格とはどういうことか？　一粒の砂も顕微鏡でみれば大きいし、一基の塔も山とくらべれば低い。また、価格が需要・供給の関係できまるとすれば、需要・供給の関係はなにによってきまるのか？

だれでもよい、そこらのブルジョアにきいてみよう。彼は、たちどころに、アレクサンドロス大王のうまれかわりでもあるかのように、この形而上学《けいじじょうがく》的な難問を九々の表をつかって一刀両断に解決するであろう。彼はわれわれに言うであろう。もし私が自分の売る商

≫**捨て値**……商品の生産費（価値）を大幅に下回り、売っても利潤を取得できない、さらには生産の費用（コスト）さえ回収できない価格。

≫**アレクサンドロス**（式の解決法）……紀元前三三四年に東征を開始したアレクサンドロスの軍隊は、翌年はじめ最初の冬営地ゴルディオン（小アジアの中央部フリュギアの古都）に集結しました。「ゴルディオンの町を占領した時、とねりこの皮で縛ってある評判の車を見た。蛮族間の言い伝えによれば、この結び目を解く者には全世界の王となる定めがあるという」（『プルターク英雄伝』）。アレクサンドロスも、この結び目に挑戦します。彼は人々の見まもるなかで、人並みに努力したあげく、腰の短剣を引きぬくやいなや、その結び目を一刀両断にしてしまいます。アレクサンドロスは実際家として、たしかに「解いた」――機械的に、たんなる否定として。しかし、彼は問題そのものを解決したわけではなかったのです。（以上は、「大月センチュリーズ」版のコラムより全文を引用。）

≫**形而上学的**……ここでは、事物を不変で静止的だとして、それを個々ばらばらに切りはなしてとらえる思考方法、すなわち反弁証法的な思考方法のことをいう。

品の生産に一〇〇マルクをかけ、そしてその商品を売って――もちろん一年たってからだが――一一〇マルクを得るとすれば、それは世間なみの、まともな、正当なもうけである。これに反し、もしそれとひきかえに一二〇マルク、一三〇マルクを受けとるとすれば、それは高いもうけである。もし、それどころか二〇〇マルクも得るとすれば、それは法外なもうけ、莫大なもうけというものであろう、と。してみると、このブルジョアにとってのもうけの尺度はなんなのか？　彼の商品の生産費である。もしこの商品と交換に彼が受けとる他の諸商品のある量を生産するのに、もっとすくない費用しかかからなかったとすれば、彼は損をしたのである。もし彼の商品と交換にうけとる他の諸商品のある量を生産するのに、もっと多くの費用がかかったとすれば、彼はとくをしたのである。そしてもうけの増減を、彼は、彼の商品の交換価値がゼロ――生産費――を上まわりまたは下まわる度合によって計算するのである。

さて、以上にみたように、需要・供給の関係が変わるにしたがって、価格があるいはあがり、あるいはさがり、あるいは高い価格が、

▽マルク……前出、五八ページ。

▽商品の生産費……経済学で「商品の生産費」という場合には、つぎの二つの異なる意味での「生産費」が区別されなくてはならない。第一には、「商品の生産そのものについやされる真実の費用」という意味での「生産費」であって、これは商品の価値と一致する。第二には、「資本家にとって商品を生産するのに必要な費用」という意味での「生産費」であって、これはその商品の生産のために支出された資本の額（費用価格）と一致する。マルクスは、ここでは、「商品の生産費」を第一の意味での「生産費」として使用している。

▽交換価値……前出。五九ページ。

あるいは低い価格がうまれる。もしある商品の価格が、供給の不足のために、あるいは需要が度はずれに増加したために大幅にあがるとすれば、かならず他の諸商品の価格が相対的に下落したことになる。というのは、ある商品の価格とは、それと交換に他の諸商品がわたされる比率を貨幣で表現したものにすぎないからである。たとえば、一エレの絹布の価格が五マルクから六マルクにあがるとすれば、銀の価格は絹布にくらべてさがったことになり、同様にまた、価格の変わらなかった他のすべての商品の価格も、絹布にくらべてさがったことになる。まえと同じ分量の絹製品を手にいれるのに、いまではそれと交換にこれらの商品をまえより多い分量であたえなければならない。ある商品の価格があがるとどういう結果になるか？　大量の資本がこの繁昌《はんじょう》している産業部門にながれこんでくるであろう。そして、好況産業の分野への資本のこうした移動は、その産業がふつうのもうけしかあげないようになるまで、というよりも、その産業の生産物の価格が過剰生産のために生産費以下に下落するまで、つづくであろう。

>>**エレ**……前出。五八ページ。

>>**銀の価格**……一九世紀前半のヨーロッパ大陸では、銀本位制度または金銀複本位制度がとられていて、主として銀が商品の価値を計る尺度となっていた。ここで「銀の価格」といわれている銀は、貨幣としての銀である。

逆の場合。ある商品の価格がその生産費以下にさがるとすれば、資本はこの商品の生産からひきあげられるであろう。ある産業部門がもはや時代おくれになって、したがってほろびるほかないような場合をのぞけば、資本がこうして逃避する結果、このような商品の生産すなわちその供給は減少してゆき、これは、供給が需要と一致するようになるまで、したがって商品の価格がふたたびその生産費の水準にあがるまで、というよりも、供給が需要以下にへるまで、つまりその商品の価格がふたたびその生産費をこえてあがるまで、つづくであろう。というのは、商品の時価はいつでもそれの生産費を上まわるか下まわるか、どちらかだからである。

これでわかるように、資本はたえずある産業の分野から他の産業の分野へながれだし、ながれこむ。価格が高いと、過度の流入がおこり、価格が低いと、過度の流出がおこる。

供給ばかりでなく需要も生産費によってきまることを、べつの観点からあきらかにすることもできよう。けれども、そうするのは、われわれの対象からはなれすぎることになるであろう。

>>生産費……七〇ページの「商品の生産費」をみよ。

>>商品の時価……それぞれの時点での商品の市場価格。

われわれがたったいまみたように、供給と需要の変動は、商品の価格をたえずくりかえして生産費にひきもどす。なるほど、商品の現実の価格はつねにその生産費を上まわるか下まわるかであるが、上昇と下落は相殺《そうさい》されるので、一定期間の産業の満干を通算すれば、商品は、その生産費に応じてたがいに交換される。だから、商品の価格はその生産費によって決定されるのである。

　価格は生産費によって決定されるということを、経済学者たちのいう意味にとってはならない。経済学者たちは言う。商品の平均価格は生産費にひとしい、これが法則である、と。上昇が下落によって、また下落が上昇によって相殺される無政府的な運動を、彼らは偶然のものとみなしている。だが、もしそういう見方が許されるなら、変動を法則とみなし、生産費による決定を偶然のものとみなすことも――じっさい、べつの経済学者たちはそうみているのだが――、同様に許されることになろう。しかし、この変動――くわしく考察すれば、このうえなくおそろしい荒廃をともなっており、地震のようにブルジョア社会をその根底からゆりうごかすほかなら

価格は生産費によって決定される

需要＞供給 → （生産費に比べて）価格上昇
→ 資本の流入 → 供給増加 → 価格下落

需要＜供給 → （生産費に比べて）価格下落
→ 資本の流出 → 供給減少 → 価格上昇

▽▽**一定期間の産業の満干**……資本主義の景気循環のことをさしている。マルクスの時代には、資本主義は、ほぼ一〇年の周期で、不況・活況・繁栄・恐慌という四つの局面を経過する景気循環をくりかえしていた。

▽▽**経済学者たち**……主として、イギリス古典経済学の代表者であるスミスやリカードをさしている。

▽▽**べつの経済学者たち**……主として、リカードの同時代人で、彼の論敵であったマルサスをさしている。

▽▽**ブルジョア社会**……資本主義社会のこと。マルクスは、一八五〇年代までは、まだ「資本主義」という用語を使っていなかった。

ぬこの変動――をつうじてのみ、価格は生産費によって決定されるのである。こういう無秩序の総運動が、それの秩序なのである。この産業的無政府状態が経過するなかで、この循環運動のなかで、競争が、いわば一方の行きすぎを他方の行きすぎによって相殺するのである。

これを要するに、商品の価格がその生産費によって決定されるのは、この商品の価格が生産費を上まわる時期が、それが生産費を下まわる時期によって相殺され、またその逆の方向での相殺もなされるというようにしておこなわれるのである。これは、もちろん、ある個々の産業生産物についてではなくて、その産業部門全体についてのみあてはまることである。したがって、これはまた個々の産業家についてではなくて、産業家階級全体についてのみあてはまることである。

価格が生産費によって決定されるということは、価格がある商品を生産するのに必要な労働時間によって決定されるということにひとしい。というのは、生産費は、(1)原料、および用具の磨損分、

>>**生産費**……七〇ページの「商品の生産費」をみよ。

>>**産業的無政府状態**……商品生産のもとにおいては、誰も自分の生産する商品にたいして社会の需要がどれくらいあるのかを、商品が実際に売れる前に知ることはできない。商品の生産者は、たがいに自分の商品をより高く多く売ろうと、自分一人の見込みで市場めあての生産をしているのであり、社会全体の生産はまったく無計画、無統制の状態にある。これを、産業的無政府状態という。この状態のもとでは、商品の生産量が社会の需要に一致するのは偶然でしかなく、そこから、商品の価格のたえざる変動がおこり、産業の発展の循環運動がおこる。

>>**労働の価格**（という表現について）……ここに「賃金すなわち労働の価格」と記されているように、本書では、以下かなりの箇所で、正確には「労働力の価格」と記すべきところが「労働の価格」と記されている。そこで、『賃労働と資本』の学習会などでかならずといってよいほど出される質問は、「ここの『労働の価格』というのは『労働力の価格』の間違いではないか」という質問である。本書の「解説」でも述べたように、『賃労働と資本』の改訂版をだすにあたって、エンゲルスは、原本では労働者は資本家に彼の「労働」を売ることになっていたのを、彼の「労働力」を売ることに変更した。それゆえ、この質問はまた、「なぜエンゲルスは、すべての『労働の価格』を

すなわち、それを生産するのにある量の労働日がついやされ、したがってある量の労働時間をあらわしている産業生産物、(2)まさに時間を尺度とする直接の労働、からなっているからである。

さて、一般に商品価格を規制しているのと同じ一般的な法則が、当然に、賃金すなわち労働の価格をも規制している。

労働の賃金は、需要・供給の関係に応じて、労働力の買手である資本家と、労働力の売手である労働者とのあいだの競争がどういう状態にあるかに応じて、あるいはあがり、あるいはさがるであろう。一般に商品価格が変動するのに応じて、賃金も変動する。しかし、この変動の範囲内で、労働の価格は生産費によって、つまり、この労働力という商品を生産するのに必要な労働時間によって、決定されるであろう。

では、労働力の生産費とはなにか？

それは、労働者を労働者として維持するために、また労働者を労働者にそだてあげるために、必要な費用である。

したがって、ある労働者に必要な養成期間が短ければ短いほど、

『労働力の価格』に変更しなかったのか」という質問なのである。

この質問にたいしては、つぎの二点を注意したい。第一は、はじめて読む人は「労働の価格」という表現にこだわらないで、これは「労働力の価格」のことだなと思って読んでよく、それで内容の基本的理解になんらさしつかえがないということである。第二は、「労働の価格」という表現はじつは間違って使われているのではないということである。すなわち、賃金の本質を「労働の価格」と把握するのはもちろん誤りであるが、賃金を「労働の価格」と表現すること自体はかならずしも誤りではない。というのは、賃金の本質である「労働力の価値または価格」は、労働者が労働をしたあとで彼が提供した労働にたいして支払うという支払形態をとるため、かならず「労働の価値または価格」として現象するからである。古典経済学の誤りは、賃金を「労働の価格」とよんだことそれ自体ではなく、「労働力の価格」の現象形態である「労働の価格」をそのまま無批判的に賃金の本質と考えたことにあった。資本主義社会の日常生活の常識のうえでは、各人に支払われる賃金が「労働の価格」といわれるのはむしろ当然であり、根拠のあることである。そこで、エンゲルスが編集した『賃労働と資本』の改訂版においても、かなりの箇所で、賃金の本質の理論的説明をさまたげないかぎりで、むしろ当時の労働者の感覚に受けいれられやすい用語である「労働の価格」という表現がとられているわけである。

その労働者の生産費はますますすくなく、彼の労働の価格、すなわち彼の賃金はそれだけ低い。修業期間がほとんどまったく必要でなく、労働者のからだささえあればたりるような産業部門では、彼を生産するのに必要な生産費は、彼を労働能力ある状態で生かしておくのに必要な諸商品だけにほとんどかぎられる。したがって、彼の労働の価格は、必要な生活資料の価格によって決定されるであろう。

しかし、これにくわえてもう一つ考慮しなければならない問題がある。工場主は、彼の生産費を計算し、それにもとづいて生産物の価格を計算するにあたっては、労働用具の消耗をも勘定にいれる。たとえば、彼がある機械に一〇〇〇マルクをついやし、そしてこの機械が一〇年間に消耗してしまうとすれば、彼は、一〇年後に消耗した機械を新しい機械ととりかえることのできるよう、年々一〇〇マルクを商品の価格に割りかける。これと同じように、単純な労働力の生産費にも、労働者の種族が繁殖して、消耗した労働者を新しい労働者ととりかえることのできるための、繁殖費を加算しなければならない。つまり、労働者の磨損も機械の磨損と同じように勘定

▽**生活資料**……前出。四一ページ。

▽（工場主の）**生産費**……ここでの「生産費」は、「工場主にとって商品を生産するのに必要な費用」という意味での「生産費」であって、費用価格（いわゆるコスト）のことである。七〇ページの「商品の生産費」を参照。

▽（勘定にいれられる）**労働用具の消耗**……いまでいう「減価償却費」のこと。

▽**単純な労働力**……単純な労働とは、ある社会の平均的な普通の人間が特別の訓練や教育を受けることなしにおこなえる労働である。複雑労働とは、特別の訓練や教育を受けた人間だけがおこなえる労働である。単純な労働力とは、単純な労働しかおこなえない、したがって養成費（特別の訓練や教育を受けるのに必要な費用）を必要としない労働力である。

▽**繁殖費**……労働力が永続的に再生産されていくためには、ある世代の労働者が死んだあと次の世代の労働者がそれにとってかわらなくてはならない。そのためには、労働者は結婚し、子供を産み育て、自分自身のほかに家族全員の生活を維持していかなくてはならない。それゆえ、ここでいう「繁殖費」とは、労働者の「家族の生活維持費」のことである。

にいれられるのである。

だから、単純な労働力の生産費は、労働者の生存および繁殖費に帰着する。この生存および繁殖費の価格が、賃金を形成する。こうしてきめられた賃金は、賃金の最低限とよばれる。この賃金の最低限も、一般に生産費による商品価格の決定と同じように、個々の個人についてではなく、〔労働者という〕種族についてあてはまることである。個々の労働者は、幾百万人もの労働者は、生きて繁殖してゆけるだけのものをもらってはいない。しかし、労働者階級全体の賃金は、その変動の範囲内で平均化されて、この最低限におちつく。

以上で、賃金をも、その他のあらゆる商品の価格をも同様に規制している最も一般的な法則がわかったので、われわれは、われわれの主題をもっとくわしくしらべることができる。

>>**賃金の最低限**……労働力の生産費（労働力の価値）である賃金は、ここで述べられているように、(1)生存費（労働者自身の生活維持費）、(2)繁殖費（労働者の家族の生活維持費）、(3)養成費（特別の訓練や教育を受けるのに必要な費用）、から形成されている。このうちの「生存費」と「繁殖費」が、賃金の最低限をなしている。もしも、賃金が相当の期間にわたってこの最低限以下に下げられるならば、「労働力は萎縮された形態でしか再生産されない」ということになる。なお、一一〇ページの「労働を身につけるのに必要な生産費」をみよ。

>>〔労働者という〕**種族**……労働者階級のこと。マルクスは、労働者階級はそれ自身再生産される存在であり、他の階級に転化できない存在であることから、それをしばしば「種族」と呼んでいる。

3

資本は、新しい原料、新しい労働用具、新しい生活資料を生産するためにつかわれる、あらゆる種類の原料、労働用具、生活資料からなりたっている。資本のこれらの構成部分はみな、労働の創造物、労働の生産物であり、蓄積された労働である。新しい生産のための手段として役だつ蓄積された労働が、資本である。

こう経済学者たちは言う。

黒人奴隷とはなにか？　黒色人種の人間である。右の説明はこういう説明とおっつかっつのものである。

黒人は黒人である。一定の諸関係のもとではじめて、彼は奴隷となる。綿紡績機械は綿花をつむぐための機械である。一定の諸関係のもとでのみ、それは資本となる。これらの関係からひきはなされ

≫**原料**……前出。四一ページ。

≫**生活資料**……前出。四一ページ。

≫**蓄積された労働**……過去におこなわれて、その労働の生産物のなかに対象化されている労働のこと。したがって、すべての「労働の生産物」は、それが資本の構成部分であってもなくても、「蓄積された労働」ということになる。なお、八三ページの「蓄積された過去の労働・直接の生きた労働」を参照。

≫**経済学者たち**……トレンズなど、リカードを俗流化したリカード学派の学者をさしている。

≫**機械**……一〇二ページの「機械」をみよ。

≫**資本**（の本質）……ここでは、資本とは「物」ではなくて、資本主義の「生産関係」であることを理解することが大切である。

たなら、それは資本ではない。そのことは、金《きん》がそれ自体としては貨幣ではなく、また、砂糖が砂糖価格でないのと同じである。

　生産のさいに、人間は、自然にはたらきかけるばかりでなく、またたがいにはたらきかけあう。彼らは、一定の仕方で共同して活動し、その活動をたがいに交換するということによってのみ、生産するのである。生産するために、彼らはたがいに一定の連関や関係をむすぶ。そして、これらの社会的連関や関係の内部でのみ、自然にたいする人間のはたらきかけがおこなわれ、生産がおこなわれるのである。

　もちろん、生産者がたがいにむすぶこれらの社会的諸関係、彼らがその活動を交換し、総生産行為に参加する諸条件は、生産手段の性格がどうであるかに応じて、ちがったものとなるであろう。火器という新兵器が発明されるとともに、必然的に、軍隊の内部組織全体が変化し、諸個人が軍隊を形づくり軍隊として活動しうる諸関係が変動し、さまざまな軍隊の相互関係も変化した。

　だから、諸個人がそのなかで生産する社会的諸関係、すなわち社

>>**生産手段の性格**……生産手段とくに労働手段が、石器なのか、鉄製の道具なのか、機械なのか、また一人で使える小規模なものなのか、大勢の協業によって使える大規模なものなのか、などによって、「生産手段の性格」が異なるものとなる。なお、四一ページの「生産手段」を参照。

>>**火器という新兵器**……ここでは、鉄砲、大砲のこと。

会的生産諸関係は、物質的生産手段が、生産力が変化し発展するのにつれて、変化し変動する。生産諸関係は、その総体において、社会的諸関係、社会とよばれるもの、しかも一定の歴史的発展段階における社会、独特の、他とはちがった性格をもった社会を、形づくる。古代社会、封建社会、ブルジョア社会は、生産諸関係のそういう総体であって、そのそれぞれが、同時に、人類の歴史上の特殊な発展段階をあらわしている。

資本もまた一つの社会的生産関係である。それは一つのブルジョア的生産関係であり、ブルジョア社会の一生産関係である。資本を構成する生活資料、労働用具、原料、それらは、一定の社会的諸条件のもとで、一定の社会的諸関係のなかで生産され、蓄積されたものではないのか？　これらのものは、一定の社会的諸条件のもとで、一定の社会的諸関係のなかで、新しい生産に使用されるのではないのか？　そして、まさにこの一定の社会的性格こそ、新しい生産に役だついろいろの生産物を資本にするのではないのか？

資本は、生活資料、労働用具、原料だけから、物質的生産物だけ

>>**生産関係**……生産においてとりむすぶ人間と人間との社会的関係。史的唯物論によれば、ここに述べられているように、「社会的生産諸関係は、物質的生産手段が、生産力が変化し発展するのにつれて、変化し変動する」。また、生産関係の社会的性格は、基本的にはだれが社会の主要な生産手段を所有するかによってきまる。生産手段が特定の人間集団（階級）によって所有されていれば、生産関係は支配者（階級）と被支配者（階級）、搾取者の階級と被搾取者の階級との関係になる。

>>**古代社会**……古典古代のギリシャ、ローマに代表される奴隷制社会のこと。

>>**ブルジョア社会**……前出。七三ページ。

>>**ブルジョア的生産関係**……資本主義の生産関係のこと。マルクスは、一八五〇年代までは、まだ「資本主義」という用語を使っていなかった。

>>**生活資料**……前出。四一ページ。

>>**原料**……前出。四一ページ。

から、成りたっているのではない。資本はまた交換価値からも成りたっている。資本を構成する生産物はすべて商品である。それゆえ、資本はいろいろな物質的生産物の一総和であるだけではない。それは、諸商品、諸交換価値、社会的な諸量の一総和である。

かりに羊毛を綿花とおきかえ、小麦を米とおきかえ、鉄道を汽船とおきかえたとしても、資本の肉体である綿花、米、汽船が、まえに資本を体現していた羊毛、小麦、鉄道と同じ交換価値、同じ価格をもっていさえすれば、資本はもとのままである。資本のからだがたえず変わっても、資本はすこしも変化をこうむらずにいられるのである。

しかし、およそ資本はすべて、諸商品すなわち諸交換価値の一総和であるとしても、諸商品、諸交換価値の総和なら、どれでもみな、資本だということにはならない。

およそいくたの交換価値の一総和はすべて、一つの交換価値である。それぞれの交換価値はすべて、いくたの交換価値の一総和である。たとえば、一〇〇〇マルクの価値をもつ一戸の家は、一〇〇〇

>>交換価値……前出。五九ページ。

マルクの額の一つの交換価値である。一ペニヒの価値をもつ一枚の紙は、一〇〇分の一ペニヒを一〇〇倍した額の、諸交換価値の一総和である。他のいろいろな生産物と交換できる生産物が商品である。いろいろな生産物がたがいに交換されうる一定の比率は、それらの生産物の交換価値を、あるいは、貨幣であらわせばその価格を、形成する。これらの生産物の量は、商品であり、一つの交換価値であり、あるいは一定の価格をもっているという、これらの生産物の規定を、すこしでもかえることはできない。木は大きくても小さくても、やはり木である。鉄を他の生産物と交換するのに、ロート単位ではかろうと、ツェントナー単位ではかろうと、商品であり交換価値であるという鉄の性格にかわりがあろうか？　それは、量のいかんにしたがって、大小さまざまな価値をもち、高低さまざまな価格をもつ一商品である。

では、諸商品、諸交換価値の一総和が、どのようにして資本となるのか？

それが、直接の生きた労働力との交換をつうじて、自立的な社会

>>**マルク**……前出。五八ページ。
>>**ペニヒ**……一〇〇分の一マルク。
>>**交換価値**……前出。五九ページ。
>>**貨幣と価格**……前出。五九ページ。
>>**ロート**……昔の重さの単位。二分の一オンス。約一四・一七グラム。
>>**ツェントナー**……重さの単位。一〇〇ポンド。約四・五三キログラム。

的な権力として、すなわち社会の一部の成員の権力として、みずからを維持し、ふやすことによってである。労働能力のほかにはなにももたない一階級が存在していることが、資本の必要な一前提である。

　蓄積された、過去の、対象化された労働が直接の生きた労働を支配することによってはじめて、蓄積された労働が資本となるのである。

　資本は、蓄積された労働が生きた労働にとって新しい生産の手段として役だつ、という点にあるのではない。それは、生きた労働が蓄積された労働にとってそれの交換価値を維持しふやす手段として役だつ、という点にあるのである。

　資本家と賃金労働者とのあいだの交換では、どういうことがおこるか？

　労働者は、彼の労働力と交換に生活資料を受けとるが、資本家は彼の生活資料と交換に、労働を、労働者の生産的活動を、創造力を受けとる。労働者は、その労働、生産的活動、創造力によって、彼

▽▽労働能力のほかにはなにももたない一階級……労働者階級のこと。労働者階級は、労働力以外にはなにも所有していない、生産手段も生活資料も所有していない階級という意味で、まさしく無産階級（プロレタリアート）なのである。

▽▽蓄積された過去の労働・直接の生きた労働……蓄積された労働または過去の労働とは、すでに機械や原料などの生産物にはいりこみ対象化されている、過去におこなわれた労働のことであり、直接の労働または生きた労働とは、機械や原料などをもちいて新しい生産物をつくりつつある、現在おこなわれている労働のことである。ところで、労働者は直接の生きた労働をして商品を生産する過程で、次の二つの作用を同時におこなう。すなわち、一方では、その商品に生きた労働がつくりだした新しい価値（新価値）をつけくわえ、他方では、その商品に、その商品を生産するのにもちいた機械や原料のうちにある過去の労働がつくりだした価値（旧価値）を移転する。それゆえ、「蓄積された過去の対象化された労働」は、「直接の生きた労働」にふれることによって、資本として維持されるのである。

の消費するものを補填《ほてん》するだけではなく、蓄積された労働に、それが以前にもっていたよりも大きな価値をあたえるのである。労働者は、資本家からその手持の生活資料の一部を受けとる。この生活資料は、労働者にとってなんの役にたつのか？　直接の消費の役にである。しかし、私が生活資料を消費したとたんに、それは私の手からうしなわれて、もうかえってこない。ただしこれは、この生活資料が私を生かしてくれる期間を利用して、私が新しい生活資料を生産しないとして、それを消費しているあいだに、私の労働によって、消費されてなくなる価値にかわる新しい価値をつくりださないとしてのことであるが。しかし、ほかならぬこの貴重な再生産力を、労働者は、受けとった生活資料と交換に資本にゆずりわたすのだ。だから、労働者は、彼自身についてみれば、この力をうしなってしまったのである。

一つの例をとろう。ある借地農業者が彼の日雇労働者に、一日につき五銀グロシェンをあたえるとする。この五銀グロシェンとひきかえに、日雇労働者は、終日、借地農業者の畑ではたらき、こうし

≫**労働者の消費するもの**……労働力の再生産に必要な生活資料のこと。

≫**蓄積された労働**……前出。七八ページ。

≫**生活資料**……前出。四一ページ。

≫**直接の消費**……生活資料の消費のこと。正確には「個人的消費」という。

≫**借地農業者**……地主（近代的地主）から土地を借り、労働者を雇い入れて農業生産をおこなう資本家のこと。借地農業者（借地農業資本家）は、取得した剰余価値＝利潤のなかから、通常の利潤の超過分にあたる利潤（超過利潤）を地主に地代として支払う。

≫**日雇労働者**……資本家が一日分の時間賃金（日給）を支払って雇い入れる労働者。

≫**銀グロシェン**……当時のドイツの小銀貨。一銀グロシェンは約二四分の一ターレル。

て借地農業者に一〇銀グロシェンの収入を確保してやる。借地農業者は、彼が日雇労働者にゆずりわたさなければならない価値を補塡してもらうだけではない。彼はそれを二倍にする。だから、彼は、彼が日雇労働者にあたえた五銀グロシェンを、みのりある生産的な仕方で使用し消費したわけである。まさに、二倍の価値のある農産物を生産して五銀グロシェンを一〇銀グロシェンにする日雇労働者の労働と力を、彼は五銀グロシェンで買ったのである。これに反して日雇労働者は、彼の生産力の働きをほかならぬこの借地農業者にゆずりわたして、この生産力のかわりに五銀グロシェンを受けとるのであるが、彼はこの五銀グロシェンを生活資料と交換し、その生活資料をおそかれはやかれ消費してしまう。だから、この五銀グロシェンは二とおりの仕方で消費されたわけである。すなわち、資本にとっては、再生産的に消費された――というのは、それは一〇銀グロシェンをうみだした労働力と交換されたのだからである。また、労働者にとっては不生産的に消費された――というのは、それは生活資料と交換されたのであるが、この生活資料は永久に消滅してし

>>**みのりある生産的な仕方での消費**……資本家が労働者の労働力を消費すること。生産手段と労働力の消費を、個人的消費と区別して、「生産的消費」という。

まっており、労働者は借地農業者とのあいだに同じ交換をくりかえすことによってしか、その価値をふたたび受けとることができないからである。だから、資本は賃労働を前提し、賃労働は資本を前提する。両者はたがいに相手方の条件となっている。両者はたがいにうみだしあう。

ある綿布工場の一労働者は、綿布を生産するだけであるか？　そうではない、彼は資本を生産する。すなわち、またもや彼の労働を支配し、この労働を手段として新しい価値をつくりだすのに役だつ価値を生産するのである。

資本は、労働力と交換されることによってしか、賃労働をうみだすことによってしか、ふえることができない。賃金労働者の労働力は、資本をふやすことによってしか、自分を奴隷としているその権力をつよめることによってしか、資本と交換されることができない。したがって、資本がふえるということは、プロレタリアート、すなわち労働者階級がふえることである。

それだから資本家と労働者との利害は同一なのだ、とブルジョア

>>**借地農業者**……前出。八四ページ。

>>**賃労働**……六三ページの「賃労働すなわち自由な労働」をみよ。

>>**自分を奴隷としているその権力**……賃金労働者を奴隷としているところの資本家の支配力のこと。ここでの「奴隷」とは、文字どおりの奴隷ではなく、支配されている者という意味。賃金労働者は、資本家に支配されている者であるので、「賃金奴隷」といわれる。

やその経済学者たちは主張する。そのとおりだ！　労働者は、資本がやとってくれなければ破滅してしまう。資本は、労働力を搾取《さくしゅ》しなければ破滅するし、労働力を搾取するには、資本はこの労働力を買わなければならない。生産にあてられる資本、すなわち生産的資本が急速にふえればふえるほど、したがって産業が繁栄すればするほど、ブルジョアジーが富めば富むほど、景気がよくなればなるほど、資本家にはそれだけ多くの労働者が必要となり、労働者はそれだけ高く売れる。

　だから、労働者がまずまずの生活をおくるのに欠くことのできない条件は、生産的資本ができるだけ急速に増大することである。

　だが、生産的資本が増大するとはどういうことか？　生きた労働にたいする蓄積された労働の権力が増大することである。労働者階級にたいするブルジョアジーの支配が増大することである。賃労働が、自分を支配する他人の富を、自分に敵対的な権力である資本を生産すれば、この敵対的な権力から、賃労働を雇用する手段、すなわち生活資料が、賃労働のところへ還流してくる。ただし、賃労働

▽▽**搾取**……生産手段の所有者が、他人の労働または労働の成果を、その対価を支払わずに（不払いで）取得すること。

▽▽**生産的資本**……社会の生産部門に投下された資本。産業資本ともいう。マルクスは、社会の生産部門とは、(1)採取業（鉱山業、漁業など）、(2)農林業（畜産を含む）、(3)工業（製造業、建設業）、(4)運輸業（保管を含む）、であるとしている。

▽▽**ブルジョアジー**……前出。五六ページ。

▽▽**蓄積された労働**……前出。七八ページ。

▽▽**生活資料**……前出。四一ページ。

がまたもや資本の一部となり、またもや資本を加速された増大運動のなかになげいれる梃子《てこ》になるということを条件として。

資本の利害と労働者の利害とが同一であるというのは、資本と賃労働とが同じ一つの関係の二つの側面であることを、意味するにすぎない。その一方が他方の条件となっているのは、高利貸と浪費家とがたがいに他方の条件となっているのと同じである。

賃金労働者が賃金労働者であるかぎり、彼の運命は資本に依存している。さかんに吹聴《ふいちょう》されている労働者と資本家の利害の共通性というのは、こういうことなのである。

4

資本が増大すれば、賃労働の量が増大し、賃金労働者の人数が増大する。一言でいえば、資本の支配がいっそう多くの個人のうえに

▽▽**資本の加速された増大運動**……資本の拡大再生産過程すなわち資本の蓄積過程のこと。

▽▽**高利貸と浪費家**……産業資本が出現する以前に、ある程度の商品・貨幣の流通があったことを基礎として存在していた資本を前期的資本といい、資本主義以前の社会に存在していた商人資本と高利貸資本がそれである。高利貸資本は、浪費的な支出（再生産に役立たない支出）をする領主、商人、小生産者などに高い利子をとって貨幣を貸しつけ、彼らを搾取していた。

▽▽**吹聴されている労働者と資本家の利害の共通性**……「労働者と資本家の利害の共通性」は、現代の日本でも、「会社あっての労働者」、「労資は運命共同体」、「成長なくして福祉なし」などという、さまざまな形をとって吹聴されている。

ひろがってゆく。そして、最も有利な場合を仮定すれば、生産的資本が増大すれば、労働にたいする需要が増大する。したがって、労働の価格すなわち賃金があがる。

家は大きくても小さくても、そのまわりの家々が同じように小さいあいだは、その家は住居にたいする社会的な要求をすべてみたす。しかし、その小さい家とならんで大邸宅がたてられると、その小さい家は小屋にちぢんでしまう。そうなると、その小さい家は、その住み手がなんの要求もなしえないか、あるいはごくわずかな要求しかなしえないことの証明となる。そして、文明がすすむにつれて、その家がどんなに高さをましていこうと、隣の大邸宅が同じ程度に、あるいはそれ以上にさえ高さをましていくなら、比較的に小さい家の住み手は、わが家のなかにあって、ますます不愉快になり、不満を高め、ますます追いつめられたように感じるであろう。

賃金がめだってふえるためには、生産的資本が急速に増大することが前提になる。生産的資本が急速に増大すれば、富、ぜいたく、社会的欲望、社会的享受も同じように急速に増大する。だから、労

>>生産的資本……前出。八七ページ。

>>労働の価格すなわち賃金……七四～七五ページの「労働の価格（という表現について）」を参照。

働者の享受がたかまったとはいえ、労働者には手のとどかない資本家の享受の増大にくらべれば、また一般に社会の発展水準にくらべれば、それがあたえる社会的満足は低下したのである。われわれの欲望や享受は社会からうまれる。だから、われわれは、社会を標準として欲望や享受をはかる。われわれは、欲望をみたす物を標準としてこれをはかりはしない。欲望や享受は、社会的なものであるから、相対的なのである。

総じて、賃金は、それと交換に得られるいろいろな商品の量だけによって、規定されるわけではない。賃金には、いろいろな関係がふくまれているのである。

労働者がまず彼らの労働力とひきかえに受けとるものは、一定額の貨幣である。賃金はこの貨幣価格だけによって規定されるのであろうか?

一六世紀に、アメリカでいっそう豊かで、採掘しやすい鉱山が発見された結果、ヨーロッパで流通する金銀がふえた。したがって、金銀の価値は、他の諸商品にくらべてさがった。労働者は、彼らの

>>**労働者の享受と資本家の享受**……ここでいわれている「欲望や享受」とは、生活資料の消費すなわち個人的消費(にたいする欲求)をさしている。ところで、生活資料は、ある社会で正常に個人を維持し、再生産するのに必要な「生活必需品」と、そうではない「奢侈品」とからなる。「生活必需品」とはその社会での普通の衣料・食糧・住居などであり、「奢侈品」とは、豪華な衣装・装飾品・宴会・邸宅・馬車・高級自動車などである。「労働者の享受」は、もっぱら「生活必需品」にたいする享受であるのにたいして、「資本家の享受」は、「生活必需品」だけではなく莫大な「奢侈品」にたいする享受であり、「労働者には手のとどかない」ものである。

>>**貨幣価格**……前出。四一ページ。

>>**採掘しやすい鉱山の発見**……一六世紀にボリビアで、当時では「世界最大の銀山」であるポトシ銀鉱が発見され、一五四五年にその採掘がはじめられた。

>>**金銀の価値**……七一ページの「銀の価格」を参照。

労働力とひきかえにひきつづきそれまでと同じ量の銀貨を受けとった。彼らの労働の貨幣価格はまえと同じであったが、それにもかかわらず、彼らの賃金はさがった。なぜなら、彼らが同じ量の銀と交換に受けとる他の諸商品の総和が、まえよりすくなくなったからである。これこそ、一六世紀に資本の増大、ブルジョアジーの台頭をうながした事情の一つであった。

もう一つべつの場合をとってみよう。一八四七年の冬には、凶作の結果、最もなくてはならない生活資料である穀物、肉、バター、チーズなどの価格が、たいへんあがった。労働者が彼らの労働力とひきかえにひきつづきこれまでと同じ額の貨幣を受けとったものと仮定しよう。彼らの賃金はさがったのではなかろうか？ もちろんさがったのだ。同じ貨幣と交換に彼らの受けとったパン、肉などは、まえよりすくなかった。彼らの賃金がさがったのは、銀の価値が減少したからではなくて、生活資料の価値が増大したからであった。

最後に、労働の貨幣価格はもとのままなのに、新しい機械の使用、豊作などの結果として農産物と工業製品の価格がみなさがったと仮

>>他の商品にくらべての金銀の価値の低下……金銀本位制度（金貨・銀貨と銀行券との兌換が保証されている通貨制度）のもとにあったマルクスの時代には、物価の一般的上昇は、主として、金銀を生産する労働の生産力の増大による、「他の商品にくらべての金銀の価値の低下」の結果としておこった。これにたいして、管理通貨制度（金と銀行券との兌換が停止された通貨制度）のもとにある現代では、物価の一般的上昇は、しばしば、不換銀行券の過度な発行の結果としての通貨の価値の低下（インフレーション）によりおこる。

>>一八四七年冬の凶作……一八四五年から数年間にわたりヨーロッパ各地の農業は凶作にみまわれた。なかでも一八四七年から三年間にわたってアイルランドをおそったジャガイモの不作はすさまじいもので、ジャガイモを主食としていたアイルランドの農民と労働者大衆は深刻な飢饉におちいった。小麦や家畜は並作であったが、その収益は難民救済にはまわされず、不在地主の地代としてイングランドへ送られた。この「近代ヨーロッパ史上最大の飢饉」によって、約一〇〇万人が飢えによって、あるいはそれがもとで死に、約一〇〇万人がこの「たたきつぶされた島」から移住した。

>>機械……一〇二ページの「機械」をみよ。

定しよう。そうなると、労働者は同じ貨幣であらゆる種類の商品をまえより多く買えるようになる。つまり、彼らの賃金はあがったわけだが、それはまさに、彼らの賃金の貨幣価値がかわらなかったからである。

だから、労働の貨幣価格、すなわち名目賃金は、実質賃金とは、すなわち、実際に賃金と交換に得られる諸商品の総和とは、一致しない。だから、賃金の騰落《とうらく》をいう場合には、われわれは、労働の貨幣価格、すなわち名目賃金だけを念頭においてはならないのである。

しかし、名目賃金、すなわち労働者が資本家に自分自身を売るのとひきかえに受けとる貨幣額によっても、実質賃金、すなわちこの貨幣とひきかえに買うことのできる諸商品の総和によっても、賃金にふくまれているいろいろな関係はまだつくされはしない。

賃金は、それ以外に、なによりも、資本家のもうけ、利潤にたいする賃金の比率によって規定される。――これは、比較的賃金、相対的賃金である。

実質賃金は、他の諸商品の価格とくらべての労働の価格をあらわ

>>**名目賃金**……貨幣額であらわされた賃金。「貨幣賃金」と同じ。

>>**実質賃金**……賃金で買うことのできる諸商品の（使用価値の）量であらわされた賃金。名目賃金が一定でも、物価が上がれば、実質賃金は下がる。

>>**相対的賃金**（比較的賃金）……利潤と比較された賃金。利潤にたいする賃金の比率であらわされる。

>>**労働の価格**……七四～七五ページの「労働の価格（という表現について）」をみよ。

しているが、これに反して相対的賃金は、直接の労働によってあらたにつくりだされた価値のうち、蓄積された労働すなわち資本の得る分けまえにくらべての、直接の労働の分けまえをあらわしている。

　われわれはまえのほうで、一四ページ〔本書、六一～六二ページ〕でこう述べた。「賃金は、自分の生産した商品にたいする労働者の分けまえではない。賃金は、資本家が一定量の生産的労働力を買いとるのにもちいる既存の商品の部分である」。しかし、資本家はこの賃金を、労働者によって生産された生産物を売った代価のなかから、補填しなければならない。それを補填したあとでも、ふつうはなお彼の投下した生産費をこえた剰余、すなわち利潤がのこるような仕方で、補填しなければならない。労働者の生産した商品の販売価格は、資本家にとっては三つの部分にわかれる。第一には、彼が前払いした原料の価格の補填分、およびやはり彼が前払いした道具、機械その他の労働手段の磨損の補填分、第二には、彼が前払いした賃金の補填分、第三には、以上のものをこえた剰余である資本家の利潤。この第一の部分がまえからあった価値を補填するにす

▽▽**直接の労働、蓄積された労働すなわち資本**……八三ページの「蓄積された過去の労働・直接の生きた労働」をみよ。

▽▽（資本家の投下した）**生産費**……ここでの「生産費」は、「資本家にとって商品を生産するのに必要な費用」という意味での「生産費」であって、支出された資本の額（費用価格）に一致する。七〇ページの「商品の生産費」を参照。

▽▽**商品の販売価格の三つの部分**……「労働者の生産した商品の販売価格」が分かれる「資本家にとっての三つの部分」について、マルクスは『資本論』第一巻第六章で、つぎのように説明している。第一の生産手段に支出した資本を不変資本といい、「原料の価格の補填分」および「労働手段の補填分」を、生産において消費された不変資本の価値としてCであらわす。第二の労働力の購入すなわち賃金に支出した資本を可変資本といい、「賃金の補填分」を、可変資本の価値としてVであらわす。第三の「以上のものをこえた剰余である資本家の利潤」を剰余価値といいMであらわす。それゆえ、生産された商品の価値（生産物価値）は、C＋V＋Mであり、そのうちの新しく生産された価値（価値生産物）は、V＋Mである。なお、三九ページの「価値を形成する労働の性質」を参照。

ぎないのに反して、賃金の補填分も、剰余たる資本家の利潤も、だいたいにおいて、労働者の労働によってつくりだされ、原料につけくわえられた新しい価値から得られたことは、あきらかである。そして、この意味では、賃金ならびに利潤を、——それらを相互に比較するために——労働者の生産物にたいする分けまえとみなすことができる。

実質賃金はもとのままであっても、またそれがあがってさえ、相対的賃金は、それにもかかわらずさがることがありうる。たとえば、あらゆる生活資料の価格が三分の二だけ下落したのに、一日の賃金は三分の一だけ、つまり、たとえば三マルクから二マルクに、下落したと仮定しよう。労働者はこの二マルクで以前に三マルクで手にはいったよりも多い量の商品を意のままにするとはいえ、彼の賃金は資本家のもうけとくらべればへったのである。資本家(たとえば工場主)の利潤は、一マルクだけふえた。つまり、資本家が労働者に支払う交換価値の量はまえより少なくなったのに、労働者は、それとひきかえに、まえより多い量の交換価値を生産しなければなら

>>原料……前出。四一ページ。

>>実質賃金……前出。九二ページ。

>>相対的賃金……前出。九二ページ。

>>生活資料……前出。四一ページ。

>>交換価値……前出。五九ページ。

ない。労働の分けまえにくらべて資本の分けまえはふえたのである。資本と労働とのあいだの社会的富の分配は、いっそう不平等になった。資本家は、同じ資本でまえより多い量の労働を支配する。労働者階級にたいする資本家階級の権力は大きくなり、労働者の社会的地位は悪化し、資本家の社会的地位の下にさらに一段と低くおしさげられたのである。

では、その相互関係でみた賃金と利潤の騰落を規定する一般法則はどういうものか?

賃金と利潤は、反比例する。資本の分けまえである利潤は、労働の分けまえである一日の賃金がさがるのに比例してふえ、またその逆の場合も真である。利潤は、賃金がさがっただけふえ、賃金があがっただけへる。

おそらく、つぎのような異論をとなえるものがあろう。資本家は、彼の生産物を他の資本家たちと有利に交換することによってもうけることができるし、また、新しい市場が開発された結果としてであれ、古い市場における需要が一時的にふえた結果等々としてであれ、

>>**賃金と利潤の騰落を規定する一般法則**……「相互関係でみた賃金と利潤の騰落を規定する一般法則」とは、「賃金と利潤は反比例する」という法則、いいかえれば、相対的賃金をきめる法則である。なお、このばあいの「反比例」とは、文字どおりの反比例ではなくて、たがいに逆の方向にむかって運動するという意味である。この「一般法則」にもとづいて、「資本の利害と賃労働の利害とはまっこうから対立する」(九八ページ)ことになるのである。

彼の商品にたいする需要が増大したためにもうけることもできる。つまり、資本家の利潤は、賃金すなわち労働力の交換価値の騰落とはかかわりなく、べつの資本家たちをぺてんにかけることによって、ふえることがありうるし、あるいはまた、労働用具の改善や、自然力の新しい応用等の結果としても、資本家の利潤がふえることがありうる、と。

まず第一に、逆の道をとおって達せられたものではあるが、結果はやはり同じだということを、みとめなければならないであろう。なるほど、賃金がさがったから利潤がふえたのではないが、利潤がふえたから賃金がさがったのである。資本家は、同じ量の他人の労働で、まえより多い量の交換価値を買いとったが、それだからといって労働はまえより高い支払いをうけはしなかった。だから、労働が資本家にもたらす純益にくらべて、労働にたいする支払いは低くなったのである。

そのうえ、商品価格は変動するにもかかわらず、各商品の平均価格、それが他のいろいろな商品と交換される比率は、その生産費に

▽▽**交換価値**……前出。五九ページ。

▽▽**べつの資本家たちをぺてんにかける**……資本家どうしの商品取引において、商品をその生産費以上の価格で売りつけたり、その生産費以下の価格で買いたたいたりすることをさす。こうして得られる利潤を、譲渡利潤という。

▽▽**自然力の新しい応用等**……農業生産における土地の改良、水力の利用、工業生産における火力、蒸気力、原子力の利用、など。

▽▽**生産費**……七〇ページの「商品の生産費」をみよ。

よって決定されていることに、記憶をうながそう。だから、資本家階級の内部でのぺてんは、かならずや相殺される。機械が改良されたり、自然力があらたに生産に応用されれば、一定の労働時間内に、同じ量の労働と資本とでまえより多い量の生産物をつくりだすことができるようになるが、けっしてまえより多い量の交換価値をつくりだすことはできない。かりに私が紡績機械を使用することによって、一時間のうちに、この機械が発明される以前にくらべて二倍の撚糸《より》を、たとえば五〇ポンドのかわりに一〇〇ポンドの撚糸を供給できるとしても、私は長い目でみれば、この一〇〇ポンドと交換に、以前五〇ポンドと交換に受けとっていたよりも多くの商品を受けとりはしない。というのは、生産費が半分にさがったからである。つまり、同じ費用で二倍の生産物を供給できるようになったからである。

　最後に、一国についてみようと、また全世界市場についてみようと、資本家階級すなわちブルジョアジーが生産の純益をどんな比率で自分たちのあいだに分配しようとも、この純益の総量はいつでも、

▽▽**資本家階級の内部でのぺてん**……九六ページの「べつの資本家たちをぺてんにかける」を参照。現代においては、商品市場における商品取引だけではなく、証券市場における株式・社債などの有価証券の取引、さらにはたがいのあいだでの金融派生商品（デリバティブ）の取引、外国為替市場における為替の取引などにおいて、「機関投資家」といわれる資本家が莫大な投機（安く買って、高く売ること）をおこない、「資本家階級の内部でのぺてん」は未曾有の規模に達している。

▽▽**機械**……一〇二ページの「機械」をみよ。

▽▽**ポンド**……重さの単位。一ポンドは、約四五三・五グラム。

▽▽**世界市場**……国民経済のあいだで商品の取引がおこなわれる市場。世界市場での取引は、一国から他国への輸出、他国から一国への輸入からなる外国貿易としておこなわれる。国民的市場（国内市場）と区別される市場である。

だいたいにおいて、蓄積された労働が直接の労働によってふやされた量にすぎない。だから、この総量は、労働が資本をふやすのに比例して、すなわち利潤が賃金にくらべてあがるのに比例して、増大するのである。

これでわかるように、われわれが資本と賃労働の関係の枠内でみてさえ、資本の利害と賃労働の利害とはまっこうから対立するのである。

資本が急速に増大するのは、利潤が急速に増大するのと同じことである。利潤が急速に増大できるのは、労働の価格が、相対的賃金が、同じように急速に減少する場合だけである。実質賃金が、名目賃金すなわち労働の貨幣価値と同時にあがっても、利潤と同じ比例をたもってあがらないかぎり、相対的賃金はさがることがありうる。たとえば、好景気のときに、賃金が五パーセントあがり、一方、利潤が三〇パーセントふえるとすれば、比較的賃金、相対的賃金は、増大したのではなくて、減少したのである。

だから、資本の急速な増大にともなって労働者の所得がふえるに

▽▽**蓄積された労働と直接の労働**……八三ページの「蓄積された過去の労働・直接の生きた労働」をみよ。

▽▽**資本の利害と賃労働の利害との対立**（について）……九五ページの「賃金と利潤の騰落を規定する一般法則」の作用の結果である。しかしながら、資本主義のもとでは、資本家とその御用学者は、資本家と労働者との関係（資本主義の生産関係）が、利害の対立する関係であることを否定することに努めてきた。その出発点は、スミスを俗流化したセー（1767-1832）が唱えた「生産の三要素説」である。「生産の三要素説」は、利潤は物としての資本の役立ちにたいする報酬であり、地代は自然としての土地の役立ちにたいする報酬であり、賃金は労働の役立ちにたいする報酬であるとする。現代のいわゆる近代経済学は、この「生産の三要素説」の考えをある程度継承していて、それにもとづいて労働者と資本家とは資本主義的生産における協力者であり、利害が一致する関係にあるとする「労資協調論」を唱えてきた。資本主義の生産関係が資本家と労働者との利害が対立する関係であることを把握するか否かが、労働運動が「資本家がなげあたえる餌」にひかれて、労資協調の路線にはまりこむのか、それとも、労資の階級闘争をつらぬいて、資本主義の変革をめざす路線を歩むのか、のわかれ道なのである。

▽▽**労働の価格**……七四〜七五ページの「労働の価格（という表現について）」をみよ。

しても、それと同時に労働者と資本家をわかつ社会的な溝もひろがり、それと同時に労働にたいする資本の権力、資本への労働の依存も増大するのである。

資本が急速に増大することが労働者の利益であるというのは、つぎのことを意味するにすぎない。すなわち、労働者が他人の富を急速にふやせばふやすほど、労働者の手におちてくるおこぼれがそれだけふえ、それだけ多くの労働者が仕事につくこと、また新たにうまれることができ、資本に依存する奴隷の数がそれだけふえることができる、ということである。

こうして、われわれはつぎのことをみてきた。

資本ができるだけ急速に増大することは、労働者階級にとって最も有利な状態であるのだが、この状態でさえ、どれほど労働者の物質的生活を改善しようと、労働者の利害と、ブルジョアの利害、資本家の利害との対立をなくしはしない。利潤と賃金とは、あいかわらず反比例する。

資本が急速に増大すれば、賃金もあがるかもしれないが、資本の

>>**相対的賃金**……前出。九二ページ。
>>**実質賃金**……前出。九二ページ。
>>**名目賃金**……前出。九二ページ。

>>**資本に依存する奴隷**……八六ページの「自分を奴隷としているその権力」を参照。

利潤のほうがくらべものにならないほど急速にふえる。労働者の物質的状態は改善されたが、それは彼の社会的地位を犠牲にしてのことである。彼と資本家とをわかつ社会的な溝は、ひろがった。

最後に、

賃労働にとって最も有利な条件は生産的資本ができるだけ急速に増大することだというのは、つぎのことを意味するにすぎない。すなわち、労働者階級が、彼らに敵対する権力、彼らを支配する他人の富を急速にふやし増大させればさせるほど、労働者階級は、それだけ有利な条件のもとで、あらたにブルジョアの富をふやし、資本の権力を増大させるためにはたらくこと――ブルジョアジーが彼らをつないでひきまわすための金の鎖を、自分の手でよろこんできたえながら――を許される、ということである。

＞＞**生産的資本**……前出。八七ページ。

＞＞**ブルジョアジー**……前出。五六ページ。

5

生産的資本が増大することと賃金があがることとは、じっさいに、ブルジョア経済学者たちが主張するように、切りはなせないようにむすびついているのであろうか？　われわれは、彼らの言葉をそのまま信じてはならない。資本がふとればふとるほど資本の奴隷の餌《えさ》もよくなると、彼らが言うのをさえ、われわれは信じてはならない。封建諸侯はその従者の美装をほこったものだが、ブルジョアジーは彼らとこうした偏見をともにするには、頭がひらけすぎており、勘定高すぎる。その生存条件がブルジョアジーを勘定高くならせているのである。

そこでわれわれは、もっとくわしく研究しなければなるまい。

生産的資本が増大すると、賃金にどんな影響があるか？

▽▽**資本の奴隷の餌**……資本家の支配下にある「賃金奴隷」といわれる労働者の賃金のこと。八六ページの「自分を奴隷としているその権力」を参照。

▽▽**その生存条件がブルジョアジーを勘定高くする**……領主（封建的な地主）の「生存条件」は、土地の領有と農奴の存在であり、経済外的強制（身分制度と権力による強制）による農奴からの年貢米などの地代の搾取である。この「生存条件」からして、領主はその「封建的な富と権力」の象徴としての豪華な居城や「従者の美装」をほこった。これにたいして、資本家の「生存条件」は、資本としての貨幣の所有と自由な労働者の存在であり、労働者からの剰余価値＝利潤の搾取である。この「生存条件」からして、資本家は剰余価値＝利潤を無制限に獲得するために、できるだけ賃金を切り下げるなど、よろず金銭勘定ずくで無駄な費用をはぶき、「貨幣的な富」である資本の蓄積につとめた。このようにブルジョアジーは、「従者の美装」をほこるという時代遅れの「偏見」を封建諸侯とともにするのには、「頭がひらけすぎており、勘定高すぎる」のである。

ブルジョア社会の生産的資本が全体として増大すれば、労働がいっそう多方面にわたって集積される。資本の数とその規模が増大する。資本の数がふえると、資本家のあいだの競争がふえる。資本の規模が大きくなると、いっそう巨大な武器をそなえた、いっそう強力な労働者軍を、産業の戦場に率いてゆく手段が得られる。

ある資本家が他の資本家を打ち破り、その資本を獲得することができるのは、もっぱらより安く売ることによってである。より安く売って、しかも破滅せずにいられるためには、彼はより安く生産しなければならない。すなわち、労働の生産力をできるだけたかめなければならない。ところが、労働の生産力がたかめられるのは、なによりもまず、分業を増進させることによってであり、機械をいっそう全面的に採用し、たえず改良することによってである。分業をおこなう労働者軍が大きくなればなるほど、機械の採用が大規模におこなわれればおこなわれるほど、生産費は比較的に言ってそれだけへり、労働はそれだけ生産性が高くなる。そこで分業を増進させ、機械をふやし、できるだけ大規模に利用しようとする全面的な競争

≫**ブルジョア社会**……前出。七三ページ。

≫**集積**……資本のもとに生産手段と労働力が集められること。

≫**労働の生産力**……労働の生産物をつくる力のこと。同じ労働時間に生産される生産物の量で示される。労働の生産力が増大すると、それにおうじて同じ労働時間に生産される生産物の量が増大する。

≫**分業**……分業とは、「労働の分割」を意味し、労働がさまざまな種類に分割され、個人や集団がその分割された労働を専業的におこなうことである。分業には、社会的分業（社会の内部における分業）と作業場内分業（工場などの作業場の内部における分業）とがあり、両者は区別されなくてはならない。ここでの分業は、作業場内分業をさしている。

≫**機械**……発達した機械は、作業機、動力機、伝導機構という三つの部分からなる機械体系という「生産装置」をなす。機械を使用すると、人間の労働は単純化し、熟練は不要となる。

≫**生産費**……七〇ページの「商品の生産費」をみよ。

が、資本家たちのあいだにおこる。

いまある資本家が、分業を増進させることにより、新しい機械を採用し改良することにより、自然力をいっそう有利に、また大量に利用することによって、同じ量の労働または蓄積された労働をもって彼の競争者たちよりも多量の生産物、商品をつくりだす方法をみつけたとすれば、たとえば、彼の競争者たちが半エレのリンネルを織るのと同じ労働時間のうちに、彼が一エレのリンネルを生産できるようになったとすれば、この資本家はどういう作戦をとるであろうか？

彼は、半エレのリンネルを、ひきつづきいままでどおりの市場価格で売るというやり方もとれるだろうが、しかし、それでは、彼の敵を打ち破って、自分自身の販路を拡大する方法にはならないであろう。ところが、彼の生産が拡大したのと同じ割合で、彼にとって販路の必要も拡大したのである。彼がつくりだした、より強力でより高価な生産手段のおかげで、たしかに、彼は自分の商品をより安く売ることができるようになるが、同時に、もっと多くの商品を売

>>**蓄積された労働**……前出。七八ページ。

>>**エレ**……前出。五八ページ。

>>**リンネル**……前出。五八ページ。

>>**販路**……前出。六六ページ。

>>**生産手段**……前出。四一ページ。

り、自分の商品のためにはるかに大きな市場《しじょう》を獲得しなければならなくなる。そこで、わが資本家は、半エレのリンネルを彼の競争者たちよりも安い値段で売ることだろう。

しかし、この資本家が一エレを生産するのにかけている費用は、彼の競争者たちが半エレを生産するのにかけている費用以上ではないとはいえ、彼はその一エレを、彼の競争者たちが半エレを売るのと同じ安い価格では売らないであろう。そうしたのでは、彼は、余分のもうけは一文も得られず、交換をつうじて生産費を回収するだけとなろう。したがって、かりに他のものよりも多くの収入を得るにしても、それは彼がより大きな資本をうごかしたからであって、彼の資本をより高い率で増殖させたからではないであろう。それに、彼の商品の価格を彼の競争者たちよりわずか数パーセント安くきめれば、彼の目的は達せられるのである。競争者よりも下値をつけることで、競争者たちを打ち負かし、彼らからすくなくともその販路の一部をもぎとるのである。そして、最後に、商品の販売が産業の好況期におこなわれるか、不況期におこなわれるかに応じて、その

▽▽**エレ**……前出。五八ページ。

▽▽**リンネル**……前出。五八ページ。

▽▽**費用**……このばあいの「費用」は、「生産費」と同じ。

▽▽**生産費**……七〇ページの「商品の生産費」をみよ。

▽▽**販路**……前出。六六ページ。

時価はたえず生産費をあるいは上まわり、あるいは下まわるということを、思いおこそう。一エレのリンネルの市場価格がその従来の通常の生産費を下まわるか上まわるかに応じて、より生産性の高い新しい生産手段をもちいた資本家が彼の現実の生産費をこえてどれだけ高く売るかの率もかわるであろう。

とはいえ、わが資本家の特権はながくはつづかない。競争相手の他の資本家たちも、同じ機械、同じ分業を採用し、しかもそれを同じ規模またはもっと大きな規模で採用するようになる。そして、やがてはそれはあまねく採用されて、その結果、リンネルの価格はそのもとの生産費以下どころか、その新しい生産費以下にひきさげられるであろう。

こうして、資本家たちはおたがいにたいして、新しい生産手段が採用される以前と同じ状態におかれるのであって、もし彼らがこの生産手段をつかってまえと同じ〔総〕価格で二倍の生産物を供給できるとすれば、いまや彼らは、この二倍の生産物をもとの〔総〕価格以下で供給しなければならない。この新しい生産費の基盤のうえ

商品の時価……前出。七二ページ。

生産手段……前出。四一ページ。

機械……前出。一〇二ページ。

分業……前出。一〇二ページ。

で、ふたたび同じゲームがはじまる。分業がすすみ、機械がふえ、分業と機械の利用される規模が大きくなる。そして競争はこの結果にたいしてふたたび同じ反作用をおよぼす。

これでわかるように、生産方式、生産手段はこうしてたえず変革され、革命化されてゆき、分業は一段と大がかりな分業を、機械の使用は一段と大がかりな機械の使用を、大規模な作業は一段と大規模な作業を、必然的によびおこすのである。

これが、ブルジョア的生産をたえずくりかえしてその古い軌道の外にほうりだし、資本に、それが労働の生産力を緊張してはたらかせてきたという理由で、さらにこれを緊張してはたらかせるように強制する法則であり、資本にすこしの休息も許さずに、たえず、すすめ！　すすめ！　と耳うちする法則である。

この法則こそは、景気変動の枠内で商品の価格を必然的に平均化させてその生産費に一致させるあの法則にほかならない。

ある資本家がどんなに強力な生産手段をもちだしても、競争はこの生産手段を一般化するであろうし、そして競争がこの生産手段を

▽▽**分業**……前出。一〇二ページ。

▽▽**機械**……前出。一〇二ページ。

▽▽**生産方式**……生産様式ともいう。生産の仕方・様式のことで、ほんらいは労働の生産力とその労働がおこなわれる生産関係とを統合したものである。ただし、ここでの「生産方式」は、ごく一般的に、生産物を生産する方法という意味で使われている。

▽▽**生産手段**……前出。四一ページ。

▽▽**ブルジョア的生産**……資本主義的生産のこと。マルクスは、一八五〇年代までは、「資本主義」という用語を使っていなかった。

▽▽**労働の生産力**……前出。一〇二ページ。

▽▽**景気変動**……七三ページの「一定期間の産業の満干」をみよ。

▽▽**商品の生産費**……前出。七〇ページ。

一般化したそのときから、彼の資本の生産性が高まったことのただ一つの結果は、いまでは以前と同じ価額で以前の一〇倍、二〇倍、一〇〇倍ものものを供給しなければならない、ということでしかない。ところが、彼は、販売価格の下落を生産物の販売量の増加でおぎなうために、おそらくは一〇〇〇倍もよけいに売らなければならないので（というのは、いまでは、もっと多くもうけるためばかりでなく、生産費を回収するためにさえ――すでにみたように、生産用具そのものがますます高価になっていくのだ――もっと大量に売る必要があるからであり、またこの大量販売は、この資本家にとってだけでなく、彼の競争相手たちにとっても死活問題になっているからである）、すでに発明された生産手段の生産性が高ければ高いほど、以前の闘争がそれだけ激しいものとなってはじまる。だから、分業と機械の使用とは、あらたに、これまでとはくらべものにならないほど大きな規模ですすむであろう。

　使用される生産手段の力がどんなに強力であろうと、競争は、資本から右の力がうみだす黄金の果実をうばおうとする。というのは、

▽▽**資本の生産性**……その資本によって雇用されている労働者の「労働の生産力」のこと。

イギリスの綿紡績工場、１８３５年

▽▽**発明された生産手段の生産性**……新たに発明され、改良された機械などの生産手段をもちいておこなう労働者の「労働の生産力」のこと。

▽▽**黄金の果実**……他の資本家にさきがけて「資本の生産性」を高めた資本家が取得する超過利潤（通常より高い利潤）をさす。資本家のあいだの競争は、たえず新たな超過利潤を発生させるとともに、またそれを消滅させる。

競争は、商品の価格を生産費にひきもどすからであり、したがって、いっそう安く生産することが、つまり同じ量の労働でいっそう大量に生産することが可能となるのに応じて、いっそう安く生産すること、同じ総価格でますます大量の生産物を供給することを、一つの命令的な法則にするからである。こうして資本家は、彼自身がどんなに努力しても、同じ労働時間内にいっそう多くのものを供給する義務以外には、一言でいえば、彼の資本の増殖の条件をいっそう困難にする以外には、なにも得るところがないことになろう。だから、競争がその生産費の法則をもってたえず資本家を追いまわす一方で、また彼がその競争相手にたいしてきたえる武器がみな彼自身にむけられた武器としてはねかえってくる一方で、資本家は、古い機械と分業のかわりに、新しい、より高価ではあってもより安く生産する機械と分業をたえまなく採用し、競争が新式のものを旧式にしてしまうまで待たないというやりかたで、たえず競争をだしぬこうとする。

いま、この熱病的な運動が世界市場全体で同時におこっているこ

▽一つの命令的な法則……もともと経済法則は、人間の意思からは独立に作用し、人間の経済活動を規制するという意味で、資本家にとっても「命令的」に作用する法則である。ここでは、資本家を「特別剰余価値＝超過利潤」の生産に追いこむ法則をさしている。この法則については、『資本論』第一巻第一〇章でくわしく説明されている。

▽生産費の法則……商品の価格は、その商品の価値である「生産費」によって規定されるという法則。価値法則のこと。

▽機械……前出。一〇二ページ。

▽分業……前出。一〇二ページ。

▽世界市場……前出。九七ページ。

とを考えるなら、資本が増大し、蓄積され、集積される結果として、分業、新しい機械の使用、古い機械の改良がたえまなく、あわただしく、ますます大規模におこなわれることがわかる。

だが、生産的資本の増大と切りはなすことのできないこれらの事情は、賃金の決定にどういう影響をおよぼすであろうか？

分業がすすめば、一人の労働者が五人、一〇人、二〇人分の仕事をすることができるようになる。だから、それは労働者のあいだの競争を五倍、一〇倍、二〇倍にも増大させる。労働者は、たがいに自分を他のものよりも安く売ることで競争するだけではない。彼らは、一人が五人、一〇人、二〇人分の仕事をすることによって、競争する。そして、資本が分業を採用し、たえず増進させていくことが、労働者にこの種の競争をすることを余儀なくさせるのである。

つぎに、分業がすすむにつれて、労働が単純化される。労働者の特別の熟練は無価値なものになる。彼は、体力をも精神力をも緊張してはたらかせる必要のない、単純な、単調な生産力にかえられる。彼の労働はだれにでもできる労働になる。そこで、競争者が四方八

>>**集積**……前出。一〇二ページ。

>>**生産的資本**……前出。八七ページ。

>>**労働の単純化**……七六ページの「単純な労働力」をみよ。

>>**熟練**……ほんらいは労働する人間の手の技術をさした。道具を使う生産においては、熟練労働は、不熟練労働より高い生産力をもっていたが、資本主義の機械制大工業においては、熟練労働力は不要となり、単純労働力に替わられた。

方から彼におそいかかってくる。そのうえ、労働が単純になり、習得しやすいものになればなるほど、それを身につけるのに必要な生産費がすくなくなればなるほど、賃金はますます下落することを、思いおこそう。というのは、他のあらゆる商品の価格と同じように、賃金も生産費によって決定されているからである。

　だから、労働が不満足な、不愉快なものになるにつれて、競争が増大し、そして賃金が減少する。労働者は、もっと長い時間はたらくにせよ、同じ時間内にもっと多くのものを供給するにせよ、とにかくもっと多くはたらくことによって、自分の賃金額を維持しようとする。こうして彼は、困窮にせまられて、分業の有害な影響をさらにはなはだしくする。その結果は、彼がはたらけばはたらくほど、彼の受けとる賃金はそれだけすくなくなる、ということである。しかもこれは、はたらけばはたらくほど、彼は仲間の労働者たちと競争するようになり、したがって仲間の労働者たちをことごとく競争者にかえてしまい、彼らもまた彼自身と同じ悪い条件ではたらこうと申しでるようになるという、したがって、結局彼は自分自身と、

>>**労働を身につけるのに必要な生産費**……「労働力の生産費（価値）」のうちの「養成費」のこと。七七ページの「賃金の最低限」を参照。

>>**労働者ははたらけばはたらくほど、彼の受けとる賃金はそれだけすくなくなる**……近代日本の天才的詩人石川啄木は、詩人のすぐれた直観をもって「賃労働」のもつ矛盾を感じとり、「はたらけどはたらけど猶（なほ）わが生活（くらし）楽にならざりぢつと手を見る」とうたった。毎日汗水流して働きながらいつも「じっと手を見る」労働者は、ここで説明されている「労働者が働くほど彼の受けとる賃金は減る」という経済法則が作用した結果として生みだされたのである。なお、四六ページの「日払い賃金」および「出来高払い賃金」をも参照せよ。

つまり労働者階級の一員としての自分自身と、競争するようになる、という簡単な理由による。

機械も、これと同じ影響をはるかに大きな規模でうみだす。というのは、機械は、熟練労働者を不熟練労働者で、男を女で、大人を子供でおきかえるからであり、また、機械はそれがあらたに採用されるところでは、手作業労働者を大量に街頭になげだし、それが完成され改良され、もっと生産性の高い機械によっておきかえられるところでは、労働者を、小きざみにおはらいばこにするからである。まえのほうでわれわれは、資本家相互のあいだの産業戦争のあらましを手みじかに述べた。この戦争の独特な点は、そこでは戦闘の勝利は労働者軍を徴募することによるよりも、むしろ除隊させることによって得られるという点である。将軍である資本家は、だれが最も多く産業兵を除隊させることができるかを、たがいに競いあうのである。

なるほど、経済学者たちはわれわれにかたって言う、機械のために不用になった労働者は新しい就業の部門をみつける、と。

▽▽**機械**……前出。一〇二ページ。

▽▽**手作業労働者**……手で動かせる道具を使って労働する労働者。自分で道具などの生産手段を所有し、それを使って自分自身の労働によって商品を生産する小商品生産者、およびマニュファクチュア（工場制手工業）で労働する賃金労働者は、手作業労働者であった。

▽▽**産業兵の徴募と除隊**……産業兵の徴募とは、労働者を雇い入れること。産業兵の除隊とは、労働者を解雇すること。

彼らは、さすがに、解雇されたその同じ労働者が新しい労働部門で就職すると、あえてはっきり主張しはしない。事実はこのようなうそを、あまりにも白々しいものにしているからである。もともと彼らが主張しているのは、労働者階級の他の構成部分のために、たとえば、労働者の若い世代のうち、すでにこの没落した産業部門にはいろうとして待機していた部分のために、新しい雇用の道がひらかれるであろう、ということにすぎないのである。もちろん、これは、落伍した労働者にとってたいした慰めになろうというものだ。資本家諸公は、新鮮な、搾取できる血肉にこと欠かないであろう、だから、死者をして死者をほうむらしめよ、と。これは、ブルジョアが労働者にあたえる慰めというよりは、むしろ自分自身にあたえる慰めである。もし賃金労働者階級全体が機械によって絶滅されるのだとすれば、資本にとってなんとおそろしいことだろうか？　賃労働がなければ、資本も資本ではなくなるのだから。

だが、機械のために直接に仕事から追われたものも、また新しい世代のうち、すでにこの仕事につくつもりでまっていた部分の全体

>> **「経済学者たち」と補償説**……ここでいわれている「機械のために不要になった労働者は新しい就業の部門をみつける」という「理論」を、「補償説」という。イギリスでは、世界に先駆けて産業革命が進行した結果、一九世紀に入ると綿紡績、織布、製鉄などの主要な産業部門でつぎつぎと機械制大工場が出現し、それにともない多数の旧来の工場労働者が解雇され、失業した。それをみて、「機械の導入は労働者を排除し、失業を増大させる」という「排除説」と「機械の導入はそれが排除するのと同数の労働者を再雇用させるのに十分な資本を遊離させるので、社会全体ではこれまでと同じ雇用先が補償される」という「補償説」とのあいだで論争がくりひろげられた。リカードは、最初は「補償説」の代表者であったが、一八二一年に刊行された『経済学と課税の原理』の第三版において「機械について」論じた章を補充し、「排除説」への「革命的変更」をおこなった。それ以後に、「補償説」を唱えた代表的な「経済学者たち」は、リカード学派のＪ・ミル、マカロック、トレンズ、シーニア、Ｊ・Ｓ・ミルなどである。マルクスは、この章で、当時まだ幅をきかしていた「補償説」をするどく批判している。

も、新しい仕事をみつけるものと仮定しよう。この新しい仕事にたいして、なくした仕事と同じ額が支払われると、だれか考えるものがあろうか？　そういうことは、経済学のあらゆる法則と矛盾することであろう。すでにみたとおり、近代産業のもとでは、より複雑な、より高級な仕事が、たえずより単純な、より低級な仕事とおきかえられてゆくのである。

そうだとすると、機械のためにある産業部門からほうりだされた労働者群は、賃金がもっと低く、もっと悪いところでないかぎり、どうして他の産業部門に避難所をみつけられようか？

これまで、機械そのものの製造に従事する労働者が例外としてあげられてきた。産業でより多くの機械が必要とされ、消費されるようになれば、かならず機械の数がふえるはずだし、したがって機械製造が、したがって機械製造業における労働者の雇用が増大するはずである、ところで、この産業部門で使用される労働者は、熟練労働者であり、それどころか、教養ある労働者でさえある、というのだ。

▽▽**なくした仕事と同じ額**……失業する以前に支払われていた賃金と同じ額の賃金。

▽▽**避難所**……失業という災難を逃れるための「避難所」、すなわち新しい雇用先。

▽▽**機械製造業**……イギリスにおいて、最初の機械はマニュファクチュア（工場制手工業）で製造されたが、やがてネジ切旋盤と平削盤の発明によって工作機械の技術体系が完成し、大工業はみずからの機械を機械によって生産することができるようになった。この「機械による機械の生産」によって、イギリスの産業革命は一八一〇年代に完成した。

▽▽**熟練労働者**……一〇九ページの「熟練」をみよ。

この主張は、すでに以前でも半面の真理でしかなかったのであるが、一八四〇年以後は、真理らしい外観さえまったくうしなってしまった。というのは、機械の製造にも、綿糸の製造におとらず、ますます多くの面で機械がもちいられるようになり、機械製造に従事する労働者も、きわめて精巧な機械にくらべてはすでにきわめて不精巧な機械の役目しかはたせなくなったからである。

それでも、機械のためにおはらいばこになった一人の男子のかわりに、工場はたぶん三人の子供と一人の女をつかうだろう、という！　だが、この男子一人の賃金は、この三人の子供と一人の女をやしなうのに十分なはずではなかったか？　賃金の最低限は、〔労働者の〕種族を維持し繁殖させるのに十分なはずではなかったか？　そうだとすれば、ブルジョアのこのんでもちいるこのきまり文句はなにを証明するのか？　ほかでもない、いまでは、一労働者家族の生計の資を得るために以前の四倍の労働者の生命が消費されている、ということである。

要約しよう。生産的資本が増大すればするほど、分業と機械の使

▽▽**機械の製造**……一一三ページの「機械製造業」をみよ。

▽▽**三人の子供と一人の女**……当時のイギリスの普通の労働者の家族は、成人男性労働者とその妻と子供三～四人であったとみられる。女性労働者の賃金は男性の約半分、未成年と子供の労働者の賃金はさらに低く、機械の導入によって、労働者家族はいわゆる「家族総働き」に追いこまれた。

▽▽**賃金の最低限**……前出。七七ページ。

▽▽（労働者の）**種族**……前出。七七ページ。

▽▽**生産的資本**……前出。八七ページ。

▽▽**分業と機械**……前出。一〇二ページ。

用がそれだけ拡大する。分業と機械の使用が拡大すればするほど、労働者のあいだの競争がそれだけ拡大し、彼らの賃金はますます収縮する。

そのうえ、労働者階級はなお、彼らより上の社会層からも補充されてゆく。多数の小産業家や小金利生活者が労働者階級のなかへ転落してくるが、これらのものは、なにをおいてもいそいで労働者の腕とならんで自分の腕をさしあげるほかは、ないのである。こうして、仕事をもとめて高くさしあげられた腕の森はますますしげってゆき、腕そのものはますますやせてゆく。

たえずますます大規模に生産すること、すなわち、まさに大産業家であって小産業家でないことを第一条件のひとつとする闘争に、小産業家がもちこたえられないことは、自明のことである。

資本の量と数がふえるのにつれて、資本が増大するのにつれて、資本の利子が低落していくこと、したがって小金利生活者がもはやその金利では生活ができなくなり、そこで産業に身を投ずるほかなく、したがって小産業家の仲間を、それとともにまたプロレタリア

▽▽**小産業家**……小さい規模の経営をしている資本家および自営業者である小商品生産者。現代でいえば、中小企業の経営者。

▽▽**小金利生活者**……自分の所有する貨幣（貨幣資本）を銀行に預金するか、それで株式、社債、国債などの有価証券を買って、そこから得られる利子や配当で生活している人々を、金利生活者という。当時の最先進国イギリスでは、はやくも金利生活者の階層が生まれていた。小金利生活者とは、自分が生活するのにやっとな少額の利子や配当を得ている金利生活者のこと。

ートの候補者をふやす助けをすること、こうしたことについて、おそらくこれ以上くわしく説明するまでもないであろう。

最後に、資本家が上述したような運動に強制されて、既存の膨大な生産手段をいっそう大規模に利用し、この目的のために信用のあらゆる発条《ばね》を発動させるにつれて、それに比例してあの産業上の地震、すなわち、商業界が富、生産物の一部、さらには生産力の一部をさえ、地獄の神々にいけにえとしてささげることによってようやくその身をたもつあの産業上の地震もふえる。一言でいえば恐慌が増加する。恐慌は、つぎの理由だけからしてもますますひんぱんに、激烈になってゆく。すなわち、生産物の量が増大し、したがって市場拡大への欲求が増大すればするほど、世界市場はますます収縮し、また開発すべき新市場はますますのこりすくなくなるという理由である。というのは、これまでの恐慌のたびごとに、それまで征服されずにいたか、あるいは商業によって表面的に搾取されていただけの一市場が、世界商業に従属させられてきたからである。しかし、資本は労働を食いものにして生きているだけではない。高貴である

≫**プロレタリアート**……ほんらいは、自分の労働力以外にはなんの財産も所有していない「無産階級」を意味した。労働者階級のこと。

≫**生産手段**……前出。四一ページ。

≫**信用のあらゆる発条**……商品の掛売りは、その商品を買手にわたしてから一定の期間ののちに買手がその商品の代金を支払うという約束にもとづいておこなわれる。貨幣の貸し付けは、貸し付けられてから一定の期間ののちに借手がその貨幣をそれへの利子をつけて返済するという約束にもとづいておこなわれる。この約束を「信用」という。信用が与えられると、与えた者は債権者となり与えられた者は債務者となる。信用とは、このような債権・債務関係を生みだすことを意味している。信用の基本的な形態は、商業資本が与える信用すなわち「商業信用」と銀行資本が与える信用すなわち「銀行信用」である。ここにいう「信用のあらゆる発条」とは、商業信用、銀行信用をはじめあらゆる形態の信用のこと。

≫**産業上の地震すなわち恐慌**……七三ページの「一定期間の産業の満干」を参照。

≫**世界市場**……前出。九七ページ。

と同時に野蛮な支配者である資本は、彼の奴隷たちの死体を、恐慌で没落する労働者のいけにえ全体を、自分といっしょに墓穴にひきずりこむのである。これを要するに、資本が急速に増大すれば、労働者のあいだの競争は、くらべものにならないほど急速に増大する。すなわち、雇用手段としての労働者階級のための生活資料が、比較的にいって、それだけ減少する。だが、それにもかかわらず、資本の急速な増大は、賃労働にとって最も有利な条件なのである。

（つづく）

▽▽**彼の奴隷たち**……八六ページの「自分を奴隷としているその権力」をみよ。

▽▽**雇用手段としての労働者階級の生活資料**（の比較的な減少）……賃金は、その実体からみれば（使用価値としてみれば）労働者の家族を含めた生活に必要な生活資料であるから、労働者階級の生活資料は、資本家からみれば「雇用手段」である。「雇用手段としての労働者階級の生活資料」とは、労働者が購入する生活資料の量であらわされた賃金、すなわち実質賃金をさす。その実質賃金が資本の急速な増大にたいして「比較的に減少する」のは、相対的賃金が低下することを意味する。

▽▽**「つづく」**……ここで『賃労働と資本』の『新ライン新聞』への連載は中断された。

マルクス・フォー・ビギナー③

マルクス　賃労働と資本

2009年9月24日第1刷発行

定価はカバーに表示してあります

翻訳　村田陽一

解説　金子ハルオ（東京都立大学名誉教授）

発行者　中川　進

発行所　株式会社 大月書店

〒113-0033　東京都文京区本郷2-11-9

電話 （代表）03-3813-4651・FAX 03-3813-4656・振替 00130-7-16387

ホームページ http://www.otsukishoten.co.jp/

印刷　三晃印刷

製本　中永製本

ISBN 978-4-272-00533-8　C0330